MENDIAN RUHEMAI GAODUAN CHANPIN

门店如何卖高端产品

潘文富　黄静◎著

SPM
南方出版传媒
广东经济出版社
·广州·

图书在版编目（CIP）数据

门店如何卖高端产品／潘文富，黄静著．—广州：广东经济出版社，2019.10

ISBN 978－7－5454－6559－4

Ⅰ．①门…　Ⅱ．①潘…②黄…　Ⅲ．①商店—销售管理　Ⅳ．①F717

中国版本图书馆CIP数据核字（2018）第279517号

责任编辑：易　伦
责任技编：陆俊帆
封面设计：视觉传达

门店如何卖高端产品
MENDIAN RUHE MAI GAODUAN CHANPIN

出 版 人	李　鹏
出版发行	广东经济出版社（广州市环市东路水荫路11号11～12楼）
经　　销	全国新华书店
印　　刷	广东新华印刷有限公司南海分公司
开　　本	730毫米×1020毫米　1/16
印　　张	13.5
字　　数	190千字
版　　次	2019年10月第1版
印　　次	2019年10月第1次
书　　号	ISBN 978－7－5454－6559－4
定　　价	46.80元

如发现印装质量问题，影响阅读，请与承印厂联系调换。
广东经济出版社常年法律顾问：胡志海律师

序

当年孙中山先生面对资产阶级救国之路行不通之后发出感慨：“天下大势，浩浩汤汤，顺之者昌，逆之者亡。”提笔的今天恰逢第 10 个“双十一”，这是全球的狂欢盛宴。截至 15：49，成交额已经打破 2017 年 11 月 11 日全天成交额纪录，达到匪夷所思的 1682 亿元。这就是大势。仔细研究发现，至少有三个方面的显著特点：一是电商仍在以远高于线下零售的增长速度在发展；二是参与的品牌数量和质量都大幅提高，国内国际一线品牌大咖云集；三是客单价在提升中逐渐碰到了天花板，需要线下的体验支撑，才能更好地提升客单价和转化率。

作为商业生态体系里的一员，零售商何去何从？我个人的观点是，零售商未来大概有三个发展方向：一是成为服务商，如最后一公里配送、安装和售后；二是成为拥有一定规模、多品牌和多渠道运营能力的零售商；三是成为重体验感和尊重感的高端品牌产品的经销商。这三个发展方向没有优劣之分，区别在于我们各自所拥有的优势、资源以及我们老板的企图心。

不少经销商老板内心也许会有这样的疑问和不服气：中低端产品消费

人群基数大，我们为什么不能做？凭什么不能做好？经过 40 年的改革开放，中国的 GDP 和人均收入都有了巨大提高，消费者的消费能力也水涨船高，很多奢侈品、海外置业等瞄准了中国客户。但我们应该注意到的是，中国消费人群的两极分化越来越严重，原来金字塔型的人群结构没有成为我们希望的纺锤形结构，而是逐渐演变成了哑铃形结构，拼多多在短时间内就跻身交易电商前三也在一定程度上佐证了这点。标准化程度高的、体验需求不大的、价格便宜且附加价值不高的商品正是电商所青睐的。

潘文富先生参与撰写的这本《门店如何卖高端产品》应运而生。潘先生本人是经销商出身，又转而为多家品牌商提供咨询服务，且出版了很多行业专著，经验丰富，知识结构非常体系化，本书就很系统化、很接地气地阐述了我们的经销商老板们如何走向方向三，也在一定程度上给出了做好方向二的方法和手段。

管理大师德鲁克有一句名言：“动荡时代最大的危险不是动荡本身，而是延续过去的逻辑。”今天，商业时代的变化给诸多行业从前端的销售、传播到后端的运营再到生产，甚至到企业组织本身都提出了更高的要求，而身处市场一线的经销商老板们，更无法独善其身。潘文富先生在这方面积累了丰富又宝贵的经验。从这个角度来说，每一个思考未来转型和发展的经销商老板、品牌公司的业务和管理人员都应该好好读读这本书。

深圳市左右家私有限公司　总裁
中国连锁经营协会零售技术创新中心　特聘专家
居然之家集团　原副总裁
汪小康

开篇：

高端产品为什么不好卖

在销售业绩的基础上，增加高端产品的比重，也就是优化产品结构，多卖高端产品，好处自然是不言而喻的，诸如提升利润率、提升品牌形象、聚拢高端顾客资源、摆脱价格竞争模式等。

但是，理想是美好的，现实却是残酷的。消费升级，顾客的购买能力有所提升，但怎么就没体现在我的店里呢？虽说高端产品毛利高，可这一年到头也卖不了多少，毛利再高，没有销量的支持，又有什么实际意义呢？店员也表示尽力去推了，但因为价格或是顾客认知的问题，或者是产品本身的问题，实际动销率还是很低。

这些已经不是问题，而是结果了，结果就是高端产品不好卖！当然，导致高端产品不好卖的，不是哪一个方面的原因，而是多方原因的综合作用。

1. 人的原因

当前的市场环境，顾客买东西的选择余地很大，并且越来越重视购物感受，产品不缺、钱不缺，越是高端顾客，越是花钱买开心。在采购商品时，先认人，再认货，若是对店员没有建立认可度，这商品认可度也就无从谈起了。

那么，店员所存在的具体问题有哪些呢？

（1）店员已经习惯了销售中低端产品，面对高端产品，仍然是过去的销售习惯，与高端产品的实际属性不匹配。

（2）店员按照自己的消费观念来评判这个高端产品，觉得自己是不会买的，或是买不起的，在主观上推定顾客也不会买。

（3）出于对店老板的抵触或是不信任，把怨气转移到产品销售上，越是让老板多赚钱的产品，越是不卖。

（4）店员觉得奖金设置不合理，投入产出比不合算，没有动力。

（5）店员缺乏对应的高端产品销售技术，也就是不会卖。

当然，虽然说的都是店员的问题，但背后的根子大多在老板身上，这个具体原因就不逐一展开了，稍后另文专述。

2. 环境的原因

既然是高端产品，那与周边的环境就得配套，整个店的环境也得高端起来，哪怕做不到全店升级，至少在高端产品的陈列区域做个局部升级，诸如设置独立背景板、陈设地台、在地面铺设地垫、单独辅助灯光、设立专属资料架等。

除了高端产品的陈列区域要升级外，店里的收银台最好也能升级一下，因为收银台是门店管理水平和规范化的直接体现。当前有些门店虽然VI形象和商品陈列做得很好（厂家有明确标准），但收银台却乱七八糟，这就直接拉低了整店的形象。

3. 谁是高端顾客

高端产品，自然要卖给高端顾客，那么，谁才是高端顾客呢？有钱的？不一定。高端顾客一般有这三种：

（1）有钱的，这个最简单。

（2）敢花钱的。也许钱不多，但敢花、敢透支、敢刷卡。

（3）自己脑袋长在别人肩膀上的，也就是容易被劝的，思想工作好做的，觉得你说得有道理的，要买就买好一点的。

当然了，这些高端顾客不会直接在脑门上写出自己的身份，这就需要店员具备一定的快速识别能力，诸如通过顾客的穿着打扮、形象气质、前期所采购的类似商品、前期所逛过的店、在沟通中所释放出来的家庭背景信息，以及对某类商品的使用习惯等信息来进行判断和分类。

4. 接待流程升级

接待高端顾客，要做到精细化接待，从进店的欢迎话术、搭话话术、接待用品、沟通话术、引导流程，乃至到主动的增值服务等，都得建立一套针对高端顾客的标准。具体来说，就是高端顾客喝水用的一次性杯子、擦手用的抽纸都得不一样，要符合高端化的匹配原则。

这里需要注意一点，别家店已经普及的服务，就不是升级服务了。

5. 价格话术

店员在销售高端产品的过程中，遇到最多的问题就是顾客对价格的质疑：为什么这么贵？既然顾客提出来了，店员自然得有个解释说明。因此，这个解释的流程和话术就得提前设定好，做到合情合理。有些顾客不在乎价格贵，而是要搞明白，为什么这么贵。如果你能说得清楚、说得明白，他也照样买。

在这个价格贵的解释话术上，大多数店员没有前后次序，没有顺应顾客的心情，没有分析顾客说贵的背后原因，没有分辨出是真的贵还只是随口说说，没有能转移顾客注意力的机动话术，解释话术过于单一和生硬，或者随口夸大，导致顾客产生反感情绪。

6. 早期培养

从理论上来说，越是高端产品，顾客在前期的信息搜集、对比选址、徘徊犹豫方面的时间就越长，所以要有耐心，并且要进行早期的顾客培养。

所谓培养，即是从店面外部的形象展示开始，在顾客路过店外时，建立起一个初步的记忆点。再有，顾客首次进店时，也许只是随便看看，但这也是搜集信息的过程，若是店员急于当天的成交，难免就会对这些尚处在信息搜集阶段的顾客有些懈怠。缺乏足够的培养意识，从某种意义上来说，也就是断绝了顾客后期再进店的机会。

7. 运营策略

销售学的根本是心理学，心理学就是各种对比，以及各种对比产生的感觉……

让顾客把钱掏出来，而且是掏出更多的钱来买高端产品，肯定不能直来直去，得有策略，说俗点就是要有套路，诸如哄顾客开心、拉近与顾客之间的距离、打消顾客的顾虑、了解顾客的需求、引导顾客的需求、套出预算、让顾客产生愧疚感等。这一切，需要大量的策略来支撑，最终让顾客愉快地掏钱出来，而且还能再来，还能给店里带来更多的客源。

说到最后就两句话：

（1）不是高端产品不好卖，而是不会卖。

（2）产品档次与配套的销售技术要同步，高端产品的动销需要多维度的因素来共同作用。

目录

第一章

卖高端产品的准备

——自检与运营思想的调整

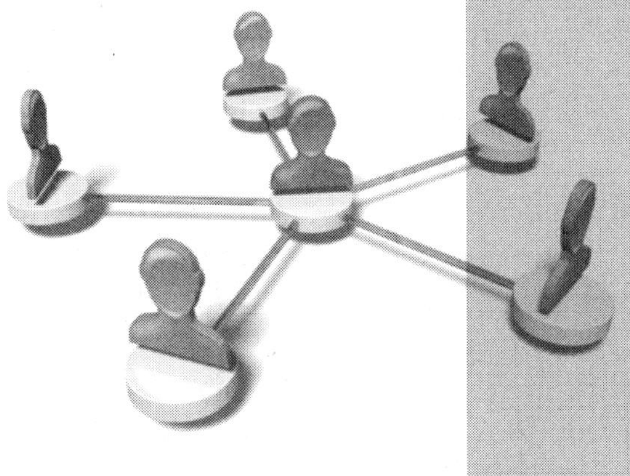

一、不买的背后

几乎一半以上的顾客，进店之后是不买的。为什么不买？背后总归是有原因的。门店运营效能的提升，基于针对这些原因的研究和解决。

1. 压根不进店

顾客路过不进店，说明店外的环境设置有问题，如脏乱差或是摆放了不该放的东西（垃圾桶、非法小广告、退回来的旧货、清洁用品等），导致堵客进店。因此，门店环境管理不仅包括店内，还包括店外区域。

2. 进店不停留

也就是进店之后转一圈就走，店员连说话的机会都没有。这说明店内的环境存在严重的问题，诸如在光线、温度、通风、气味、噪声等环境方面有问题，或者现场布局脏乱，存在灰尘、污渍、蜘蛛网、垃圾、低俗宣传品等。

当然了，店员每天待在店里，对环境是存在一定的麻木的，也就是视而不见，并不会觉得有什么不妥的地方。按理说，店家要定期找人以顾客的视角进店巡场，核查店内环境布局。

3. 不说需求和预算

说明顾客不信任店员，或者是店员推进速度太快，还没有在顾客面前建立起好感或是初步信任度的时候，就迫不及待地询问顾客的采购需求和预算。顾客若是不说，就别勉强，再追问下去就会把顾客赶走。

4. 不沟通不交流

顾客在语言方面很保守，所吐露的信息非常有限，说明店员的沟通水平有问题，说话没有趣味、不生动、不通俗、过于死板，或是语速太快，有急于推销的感觉，顾客觉得没有沟通乐趣，听不明白，不想再听了，也懒得搭腔。店员若是不识趣，一直说下去，顾客可能就会说："我自己看看……"

5. 不买这个牌子

顾客不喜欢、不认可这个品牌，也许以前吃过亏，也许对这个品牌没有认知，完全没感觉，反正看着就不喜欢，直接否定这个品牌，否定这个品牌旗下的所有产品。若是多品牌并存的专卖店，店员此时就得赶紧给顾客推荐其他品牌了。

6. 不买这个型号

说明这个型号的产品功能特点与顾客的需求没对上，当然，仅仅只是针对这一个型号的产品，也许其他型号的产品还是有机会的。

7. 不买这个价位

说明顾客严格控制预算，价钱卡得很死，也许是单位采购或是非自用（给别人买），或是偿还型购买，价格定死了。当然，还有一种情况，就是店员并没有把产品的价值说清楚，顾客认为不值这个价钱，所以在价格方面不肯松动。

8. 不在这个店员手里买

换其他店员，也许就成交了，反正就是不愿意在这个店员手里买。这原因就很简单了，就是这个店员把顾客给得罪了，诸如在语言、表情、肢体动作、口气等方面，致使顾客不愿意照顾这个店员的生意。还有一种情况是顾客前期进店时，对某个店员的印象不错，这次进店非得要找上次接待自己的那个店员，只在那个店员手里买。

9. 不在这个店买

顾客的采购需求还是有的，对品牌和产品也没什么意见，出门之后换到其他店再买，那就说明顾客对这家店的感觉非常糟糕，顾客在同类门店的对比中，舍弃了这家店。

二、专卖店营业问题的自我分析简表

店里生意不好，别怨天尤人，也别急着动手整改，先得进行解剖分析，按照一定的逻辑关系，对生意不好的原因进行逐个拆解分析，清查出各环节点上的根本原因，再来设定对应的解决方案，把多个解决方案整合在一起形成合力，逐步推动专卖店营业效能的提升。

先且不论各个行业之间的差异，笔者从门店运营的通用结构点设定了几条分析线，供大家参考。

1. 进店量的问题

店里的进店量，是生意量的前提因素，店里的生意差，首先就是进店量差。为什么进店量差？一般存在以下一些问题。

（1）外部环境的问题。

①店铺所在地段的人流量一直就少，这往往是因为选店址的时候没有做过商圈人流调查，直接拍脑袋决定的。

②因为附近封道修路，店门口地面破损、天气恶劣等环境因素导致的阶段性进店量差。

③因为隔壁门店的原因，导致本店的进店量少。比如服装店隔壁新开了一家殡葬用品店，经常搞经典款寿衣打折活动，直接影响服装店的生意。

（2）本店自身的问题。

完全是因为店家自己粗心大意而导致顾客不进店，也就是常说的“堵客进店”，诸如：

①在店门口堆放清洁用品，将扫帚、拖把、垃圾桶堆放在店门口，这叫扫客出门。

②店外的空调主机直吹路面，夏天吹热风，冬天吹冷风，直接把顾客给吹走了。

③店招污损、到处都是非法小广告、店里堆放着退回来的破旧产品、橱窗凌乱、店门破损、店内灯光昏暗等，一副生意萧条、半死不活的样子，顾客哪还有兴趣进店？

④店内没有实施主动的吸客进店措施，完全是被动等待顾客进店。

2. 成交率的问题

进到店里来的顾客不见得个个都会买，也许店里每天都人头攒动，但实际成交的没几个。要想提高成交率，店里得建立基本的进店客流统计制度，以统计每天的进店量，再对比成交单数，得出成交率。尤其是在老板没有亲自驻守的店里，虽然每天都能看到销售台账，也能看到成交的单数，但却看不到成交率。例如今天成交了五单，若是进店顾客是七批顾客，成交了五单，还算是不错；若是进店顾客有六十批，只成交五单，那就有问题了。所以，店里一定要建立对进店顾客的客流统计制度。

一般来说，顾客只要进店，多少还是有点购买初始意愿的。那么，为什么进店后又不买了呢？往往是由于以下几点原因：

（1）价格。这是最直接的，也是表现得最多的原因，任凭店员把这个产品说得有多好，顾客一句“太贵”就能把可能的成交给轻松击碎。当然，这个价格还体现在比价上，顾客比竞品、比其他店、比网店价格，总之就是各种比。最后，价格谈不拢，就不买了。

（2）品牌力或是产品力弱了，赶不上竞品。

（3）顾客说只是先看看，暂时还没有确定是否采购。

（4）店里存在赶客出店的环境因素，诸如店内有异味有噪声、店内温度不适宜（老板舍不得开空调）、存在明显的污渍点、有医疗用品、把客户资料信息公开摆放等。

（5）店员的服务迎接不及时，或是在表情、肢体动作、话术等方面没有受过专业训练，运用不当，让顾客感觉不好，甚至得罪了顾客。

（6）店内没有建立完整的接待流程，让顾客感觉很不专业，推进流程衔接不紧密，较为凌乱，对顾客的需求和心理感受把握得不够准确，甚至还有冷场的情况。

（7）顾客进店之后感觉这店就是一个私人小老板开的店，无论是专业性、规范性还是可靠性等方面都没有保障，实在不敢在这家店里花钱。

3. 再回头的问题

不是所有的顾客进店后都会购买，很多顾客在进店之后，只是看看、问问，然后就空手走了。这些走掉的顾客，也许今天只是进来看看，也许下次还会再进店，即便自己不进店，也许会介绍别人来。所以，不能把这些空手走掉的顾客直接放弃。

那么，要想让顾客下次再来，有两项工作是要做到位的：第一，要让离店的顾客还能记得这家店；第二，在记得这家店的基础上，还得让顾客对其有个好印象。将这两者结合在一起，才能确保顾客下次再来。那么，相关的问题就来了：

（1）店老板有引导店员怎么看待这些空手离店的顾客吗？若是没有正确积极的引导，明确价值所在，店员很有可能就会直接放弃这些空手离店的顾客，甚至连送都不肯送一下。

（2）对于明确表示今天不买的顾客，店员的服务态度是否有变化？若是服务态度有变化，也就等于直接赶客出店，顾客下次也不会来了。

（3）如何让要走的顾客建立记忆点，而且还是正面的记忆点？最简单的办法就是让顾客离店不空手。所谓不空手，就是让顾客拿上点东西，诸如产品的单页、店里的名片、低值的小赠品小礼品等。顾客在未购物的情况下，拿到店里送的小赠品小礼品，很容易产生愧疚感和好感，非常有利于促进其下次再进店。问题是，现在店里做到这些了吗？是不是都是让顾客空手走的？

（4）主动建立对比优势。有些顾客在买东西的时候多看几家，进行比较，这是很正常的。当然，顾客在进每家店的时候，都建立了一定的记忆点，会对相关环节进行对比，例如整体环境、服务态度、专业程度、现场气氛、接待流程、细节点控制等。其实，顾客自己也没多少好坏的判断标尺，都是对比出来的，若是本店的相关环节标准做得越高，相对竞品的对比优势就越明显，竞品的日子也就越难过，这也就是主动在竞品门店的手里抢饭吃。

（5）老顾客的维护问题。把当前的老顾客维护好了，也照样能让其再次回头，或是介绍新顾客来。问题是，对于当前的老顾客，有做好顾客档案吗？有设定跟进频率吗？有设定跟进话术吗？有设定跟进回访的理由吗？有设定回访的策略吗？这里说明一点，有些终端直接把活动通知作为维护手段，直接致电老顾客说有优惠活动，询问其是否参与，结果参与活动的顾客不多，却被很多老顾客拉入了黑名单。

4. 产品结构的问题

也许销售业绩还不错，但产品结构却是不甚理想，低端产品占比多，也就是利润少甚至不赚钱，利润高的高端产品和新产品占比少，汇总起来就是好卖的不赚钱，赚钱的不好卖。

首先明确一点，在消费整体升级的大背景下，高端产品也好，新产品也好，总的市场空间是有的，能不能卖起来，关键是自身的技术问题。毕竟，相对于中低端产品来说，高端产品的销售需要更高的销售技术和配套因素。诸如：

（1）高端产品自然是面向高端顾客的。那么，先搞明白一点，谁是高端顾客？有钱人就一定是高端顾客吗？不一定，敢花钱的才是高端顾客。

（2）店里的环境与高端产品、与高端顾客相匹配吗？也许很多店老板认为自己店里的环境也挺好的。但是，这个店面环境好不好，并不是以店老板的认定标准为准，而是以顾客的认定标准为准。那么，这就要分析本地的高端顾客，其家里的装修水平、经常出入的消费场所，都已经达到了什么样的环境装修水平。

（3）当有高端顾客进店的时候，店员能及时地识别出来吗？对于有钱人的气质和穿着打扮有没有识别能力？顾客身上的服装鞋帽，是不是名牌？大概是什么档次？

（4）对于这些高端顾客，店里是否有对应的精细化接待措施？

综上所述，店里的生意运营是由诸多环节共同发挥作用的。所以，在生意下滑的时候，别随口说什么生意不好做，而是要按照一定的逻辑关系，逐条进行分析，找到背后的原因所在，逐条修正完善，推动生意好转。

三、好卖不赚钱的背后

好卖的不赚钱，赚钱的不好卖。

八成店老板都发过这样的牢骚。卖起来省力气且流量大的商品，往往是没什么利润的，也就做点人气跑个量，累得团团转，却赚不到什么钱。而真正赚钱的新品或是高端商品，顾客的接受度很低，再怎么推销，成交量也很低。在经营成本逐渐递增的今天，没有足够的利润回报率，店里的生意就难以撑下去。

客观来说，好卖的不赚钱，赚钱的不好卖，这是一种正常的现象，但不能将其定论为坏事，更不能消极看待，坚决认为生意不好做。做生意，起码的乐观心态和主动进取的意识还是要有的，若是运用得当，照样有提升和改善的空间。

1. 看商品功能

从商家卖货的角度来说，商品最起码的功能就是赚取利润，这得有一定的销量和品牌知名度，并且销售难度还不能太大。但是，极少数商品能同时满足这样的条件：既赚钱，又好卖，量又大，知名度又高。每个商品往往只是具备其中一两个条件而已，这需要商家进行商品组合，即按照商品自身的不同条件，赋予其不同的功能，整合起来，实现整个商品组合群体的价值创造功能。

也就是说，有些跑流量的商品的功能就是吸客进店，提高人气；有些知名品牌的功能就是带动门店自身的知名度；有些商品的功能就是赚钱；还有些商品的功能则是培养锻炼店员的销售技术。

2. 好卖的不赚钱

好卖但是不赚钱的商品，有些店老板兴趣不大，认为只是赔本赚吆喝而已，因此在对顾客的接待上自然有些消极，更谈不上精细化服务了，爱买就买，不买拉倒。

这种态度千万不能有，这是典型的自己砸自己的招牌，砸掉未来的生意。

应该积极地看待，这商品有流量，首先是给店里带来了客流，基于这些产品的销售，与顾客建立了关系。并且，在当前的销售过程中，若是能有较好的现场服务，沟通顺畅，能给顾客留下好的印象，就完全有机会将顾客延伸到对其他商品的采购需求上，或是提高顾客再次进店的概率。

从功能定位的角度来说，能带来客流的商品，保本就行，亏一点也没关系，别说还能有点利润了。毕竟，这类商品的功能只是吸客进店而已。

3. 赚钱的不好卖

赚钱的不好卖，原因有很多，也许是产品的原因，也许是顾客自身的原因，也许是竞争对手的原因。但是，这其中最核心的原因，就是店员自身的能力技术有问题。

在商品销售的过程中，店员的人为性因素起着主导作用。这生意，成在店员手里，砸也砸在店员手里，在成交的促成因素里，人为的因素比商品的因素更重要。简单点来说，不好卖，就是店员的能力技术有问题，如对顾客的研究不够、没有准确把握顾客的需求、接待工作不够细致、态度不够积极、沟通与引导水平低。

所以，一旦出现不好卖的情况，其实就暴露出店员能力不足的问题。接下来应马上进行正确的引导，即先从店员自身找原因，加强学习，改进服务措施，把销售这些不好卖的商品，当成锻炼自己销售能力的机会。

总而言之，赚钱的不好卖，不是产品不好卖，而是销售能力有限，卖不掉。作为店员，其存在的价值，就是解决商品卖不掉的问题，若是全部商品都好卖，那还要店员干吗。

四、门店生意不好就把气撒在电商头上

电商的大量出现，似乎已成为实体店生意不好的最好借口。

价格是电商做乱的、促销活动是电商做烂的，进店客流少也是电商导致的，顾客动不动就拿电商说事也让店老板上火。

那么，在没有电商之前，实体店的生意就一定好做吗？其照样也有一大堆问题，照样有老板关店破产。古今中外，真正成为老板的只是极少数人，大多数貌似老板的创业者，只是真正老板的“饲料”而已。

客观来说，只要消费总量还在，生意就有得做，只不过要根据市场环境的变化，调整自己做生意的方式罢了，与时俱进才能适者生存。

因此，在当前的市场环境下，尤其是在电商已成气候的背景下，实体门店的生意需要认真考虑以下几点因素。

1. 顾客脾气会越来越大

古今中外的顾客都有一个毛病：当商品供不应求，且顾客没有选择权的时候，只能忍受店家的坏脾气；若是商品供大于求，即顾客的选择权越来越大的时候，顾客的脾气就会越来越大，变得越来越挑剔、越来越难伺

候。作为店老板，你想好怎么来接待（伺候）这些顾客（大爷）了吗？

2. 抢生意还是做生意

所谓生意难做，不是没生意做，而是同行太多了，分走了顾客。这里有个问题：现在是做生意还是抢生意？所谓做生意，就是顾客有需求，而店家有产品、有品牌、有服务，能满足顾客的需求。可现在，产品也好、品牌也好、服务也好，这些东西别人都有，而且还同质化了。当大家都能满足顾客需求的时候，就没生意做了，而是要主动去抢生意。怎么抢？就是人无我有、人有我优、人优我新，要有足够的差异化。不但自身要强大，而且还要针对竞争对手的薄弱点下手，尤其是要痛下狠手。

3. 先“卖”人再卖货

在有足够选择权的市场背景下，顾客压根就不缺买东西的地方，再加上商品和品牌的同质化日趋严重，这个时候门店和产品本身的吸引力就没多少了。从门店销售的次序来说，就得改为先“卖”人再卖货了，即先让进店顾客对店里的销售人员产生兴趣，建立一定的认可度和信任感，然后再说商品的事。若是人都“卖”不掉，这商品可就别提了。

最起码，别得罪顾客。虽说店家不会故意得罪顾客，但是无意中却经常能干出得罪顾客的事，尤其是堵客进店和赶客出店，把送上门的生意给毁了。

4. 学习点消费者心理学

消费者有三大特点：一是要面子；二是感性多于理性；三是坚决不认错。汇总起来，消费者的心态就是——皇上心态。开店做生意，每天接待的都不是普通人，而是一个个“皇上”。

西方营销学有句话——把顾客当上帝。估计很多店老板到现在也没整明白这句话的意思，不是店家把顾客当上帝，而是顾客自己把自己当上帝。

西方说顾客是上帝，到我们这就是皇上。换个角度来看，奢侈品在中国的成功，就是把握住了这个核心所在。

开店做生意，多少还是要学点消费者心理学的，尤其是“皇上”心理学。毕竟，顾客没那么专业，买东西的时候，更多出于感性而不是理性。所以，产品知识背得滚瓜烂熟只是次要因素，对进店顾客察言观色、洞悉顾客心理、与顾客建立有效沟通才是关键。

5. 店内的人事管理

若是门店规模大点，或是要开分店，那就得请店员了。店老板除了经营商品之外，还得面对人事管理的问题。从技术难度的角度来说，管人可比卖商品复杂多了。

人事管理的问题主要有两个方面：一是会不会干的职业技术问题，二是想不想干的工作态度问题。职业技术要培训要巩固，工作态度所牵涉的点面就多了，如老板的管理风格、员工团队的氛围、考核收入、各种对比标尺、发展空间等，有一个点没做到位，都有可能影响员工的工作态度。这里要特别说明一点，人事管理技术可以慢慢学，老板首先要学会的，就是不要得罪店员，尤其是不要在无意中得罪店员，老板若是得罪店员，店员必然会得罪顾客，最后还得老板以成倍的代价来买单“擦屁股”。

五、面对电商，实体零售店要补的功课

十个实体门店的老板，有八个半都会说现在的生意不好做。现在的生

意之所以不好做，其中一个重要的原因就是电商的出现，尤其是电商在价格及商品选择面方面的领先优势。

无论实体店老板们怎么发牢骚，也无法改变市场格局，电商的生意占比及总量必然是持续放大的，对实体店的挤压也必然会持续加大。那么，摆在实体店老板面前的也就两条路：要么等死，要么奋起创新与电商抢饭吃。

要想在电商手里抢饭吃，首先就得尽量缩短与电商之间的差距，若是无法弥补的差距，则需要通过其他方面的强化或是创新来弥补。作为实体店，在面对电商时，首先得补上几门较为基础的功课，以此来缩短与电商之间的差距。

1. 店面装修

吃饭都开始讲究环境了，买东西更是如此，顾客进店，首先看到的就是店里的现场环境，现场装修水平直接影响顾客对门店的感觉和购买行为。网店早就开始装修了，甚至还有网店保持一年一次的翻新。作为实体店，在装修或是翻新这个方面可得赶上。当然了，有些实体店老板在这个方面持消极态度，认为反正现在生意不好，能节约的成本都要节约，于是舍不得花钱进行装修翻新，甚至为省一些电费，连店里的灯都舍不得打开。

2. 顾客行为研究

在普通消费品领域，几乎没有对某类特定商品的刚需。购买行为，更多是由消费者的心理状态和情绪所决定的。从销售的角度来说，要学会把握人的心理状态，当然，在不具备一眼看穿顾客内心世界的情况下，只有通过对顾客的表面行为和语言来进行分析与把控。只有精准地把握了顾客当前的心理状态，顺势对接，才能使顾客愉快地做出购买决定。所以，对消费者的行为研究以及心理状态的判断，应作为门店营业人员必须掌握的技术能力之一。

当然，在这个方面，实体店要比网店具备更多的优势。毕竟，实体店天天面对面地接触顾客，能直接地看到顾客和与顾客进行交流。这比网店的客服每天喊“亲”、发表情包要更加直接。

3. 面对面的服务工作

服务工作分为售前、售中、售后三类。网店的优势主要是在售中和售后，但对顾客在前期浏览阶段，很难实施相关的服务工作，甚至都不知道有多少顾客在浏览网店页面。即便在售后，网店也无法确保送货上门的快递员是什么样的服务态度。

而作为实体店，在这方面则可发挥优势，只要顾客一进店，服务工作马上就能启动，端茶递水、样机样品试用、技术问题免费咨询，甚至还可以把常规放在后期的增值服务提前到售前来做。毕竟有实际的店面、实际的商品摆在店里，相关的器材设备都在，服务可以很直接，也可以很迅速。

4. “卖”人

早先做销售，就是卖价格、卖产品、卖品牌，可现在产品多、品牌多，且同质化严重，消费者选择余地大，脾气自然也就大起来了。这个时候，就得先“卖”人，再卖货了。

所谓“卖”人，就是先建立顾客对店员的认可度，包括对个人行为和专业技术的认可。一旦顾客建立了对店员的个人认可度之后，甚至会把对商品的选择权交由店员。

这点是网店很难做到的，毕竟面都没见上，对人的认可度就更加难以建立了。

5. 老店的优势

网店大多经营时间较短，五年以上就算是老店了。但是，十几年的实体店有很多。可别小看这个经营历史，在消费者看来，扎扎实实经营了这么多年的老店意味着熟悉、稳定、可靠、可信，不怕售后问题，有问题可以随时找到人，可以马上解决问题。尤其是面对中老年消费者、居住在附近的消费者，要学会向顾客打出历史牌，尤其要对比网店的经营历史。

6. 上门回访

在耐用消费品领域，实体店完全可以做到定期上门回访，面对面地与顾客接触沟通，了解使用情况，直接执行维护保养工作。目的是争取顾客的下次购买机会，或是促使顾客向熟人进行推荐。

这点网店是没法做到的，通过电话邮件等非见面形式的简单回访，实际作用很有限。

7. 突出邻居定位

很多行业的实体店是挨着居民区的，在降低房租成本的同时，也可以拉近与顾客之间的距离。在顾客看来，这家店就在我家附近，天天都会路过，对这家店比较了解，感觉比较靠谱，毕竟网店多少还是有点距离感的。再说了，买东西方便，售后服务什么的也方便，换个配件、买个耗材，包括维修保养什么的，在价格差距不是特别大的前提下，还是更愿意照顾附近实体店的生意。

作为实体店要主动迎合顾客，主动打出社区店的邻居定位，突出亲切感，增加一些立足本社区的特色服务，增强与本地顾客之间的黏度。

8. 店里的闲人

都知道做生意不能养闲人，但是实体店里的闲人还真不少，当店里没有顾客的时候，店员们有聊天的、有玩手机的、有在电脑上看视频的，看起来过得都挺充实。店老板也不好说什么，毕竟店里没生意，大家也不能傻站着。

其实，换个角度想想，不是没事干，而是很多事情都没干。既然店里没生意，为什么不能安排店员持续地做清洁？可别小看这个，店员天天对店内环境进行反复清洁，不但能给进店的顾客良好的感觉，而且路过的顾客看到这家店每天反复地做清洁，也会对这家店留下正面印象，成为未来的潜在顾客。另外，店员可到附近的社区做做现场展示活动，做做客户上门回访，哪怕发发宣传单也好。还有，既然有闲工夫看视频玩手机，店老板为什么不组织大家进行技术学习？哪怕是最简单的前期营业接待录像回看，也能察觉出不少问题来。

9. 研究一下堵客进店与赶客出店

开实体店的老板，当然希望顾客越多越好，顾客留店的时间越长越好。但是，在无意中却经常干出很多堵客进店与赶客出店的事情来。诸如在店门口摆放垃圾和滴水的拖把，店门口有破损的地砖，店内有异味、灯光昏暗，店员有口臭等。这些因素都会导致顾客不进店或是进店后迅速离店。所以，别发牢骚说店里一天进不了几个顾客，而应从堵客进店和赶客出店方面想一想，店里当前有哪些因素每天都在把顾客堵住或往外赶。

10. 创新与投入

明知道市场环境在发生巨大变化，也知道没有轻松赚钱的好机会，但有些店老板还在执迷不悟——既不肯创新，也不肯投入。

不肯创新是习惯了以前简单的生意模式，心理上抵触越来越复杂的生意模式，所以也就没有了创新的源动力。不肯投入是走到了过度节约成本的死胡同里，认为现在生意不好做，舍不得拿钱出来投入，或是担心投入之后回报率太低。别说大的投入了，就连店内清洁、灯光开启、样机开启这类基本成本，都开始全面压缩。

的确，投入不一定有回报。但是，不投入是肯定不会出现好转的机会的。又没风险又有回报的生意只在梦里有！创新和投入这门功课不补上，只能眼看着生意逐渐萧条下去。

其实，无论什么形态的商业模式，大家都是有饭吃的，谁也很难彻底打死谁。但是，若是自己持续退化，与别人的差距越来越大，嘴上还牢骚不断，那就别怪别人了。再不补课，持续亏损乃至关门，也是理所当然的事情了。

六、卖高端产品的指导思想

优化产品结构、推新卖高、多卖高端产品，不是下决心喊口号就能实现的，需要有明确的思路、更为精细的软件和硬件配备、持续的诸多投入、强大的执行力等因素作为保障。

当然，具体行动的前提就是在思想层面想清楚，明确方向，建立对应的指导思想，诸如：

1. 专项技术研发

高端产品对应的是高端顾客，对他们的识别、消费心理、采购习惯、被服务方式、接待方式、接待用品都要进行专项的技术研发，甚至提供给高端顾客的赠品都得重新设计。这就需要指定专人明确研发项目，投入研发费用，量化研发结果和落地运用规划。不能简单套用已有的普通顾客接待模式，而且，研发工作要持续进行、持续更新。

2. 场景配套

进行店面装修和现场设置时，不能仅仅突出企业和品牌的视觉形象，还要在场景设置、豪华氛围、舒适便利、接待用品等方面考虑到与高端顾客的匹配度。可借鉴高端顾客经常出入的高级消费场所（诸如高级酒店、会所、高级餐厅、茶馆、航班头等舱、名车4S店）的设计方案，吸取相关配套元素。

至少也得走访同类的终端，对比分析，确保自己的门店环境不低于本地的同类门店，别自说自话觉得自个门店还挺高级的。

3. 态度比产品更重要

低端产品卖价格，普通产品卖性价比，而高端产品首先要卖的不是产品，而是对顾客的态度。千万别基于对产品品质的高度自信，而放松对顾客的服务态度。所以，在与顾客交流的过程中，别过多地将重点放在产品上，而是要突出对顾客的服务态度，至于产品本身有多好，这就是后面要介绍的事情。

4. 专项投入

提升店面整体环境、配置硬件、购置高级接待服务用品、早期顾客培养、对店员的经济奖励等，都是要花钱的。而且，相对于普通产品的销售，要花的钱更多，还得提前花。这些投入也无法确定能有回报，只能说，不投入肯定没有产出，投入了也许有产出。既然要推新卖高，不是喊喊口号就能实现的，得先把真金白银掏出来，而且还得承受短期内没有回报的压力。

5. 人事管理的配套

事在人为，所谓高端产品不好卖，更多的是因为店员的自我设限，主观上觉得不好卖，也不想费劲去研究如何才能卖，找些客观原因出来推给老板罢了。

店员觉得不好卖的背后，分别是技术方法和态度意愿两大类原因，也就是会不会卖和想不想卖的问题。技术问题好办，麻烦的是态度问题，工作态度不端正，再好的技术方法也导入不进去，且客观原因还会没完没了。举个最简单的例子，若是店员自身都没有获得尊重和被服务，怎么会有心情来服务好顾客呢？

店员的态度，背后是人事管理系统的效能。诸如招聘质量、管理者的管理风格、人事管理体系的完整度与科学性、薪资考核制度、发展空间、团队氛围、负面因素的及时清除等。卖高端产品，需要店员有更为积极的服务态度、更全面的技术能力，而这一切又基于人事管理体系。所以，要想提升店员卖高端产品的能力，前提是提升对店员的管理效能，对店员的服务系统先得高端起来。

七、与消费升级相配套的服务升级

无论老板们哀号说生意有多么不好做，经济多么疲软，有钱人还是越来越多，别说百万富翁了，现在千万富翁已经突破百万大关，亿万富豪也都数万了。有钱就得花啊，于是，大街上的奔驰、宝马越来越多，房子越来越贵，超市里的高价进口商品占比也越来越大。

除了有钱人越来越多，敢花钱的人也越来越多，虽然自己收入不咋地，但是敢花，敢于寅吃卯粮。反正可以刷卡、可以啃老、可以打白条、可以找金融平台借，要享受当前的生活质量，先花了再说，以后慢慢还就是了。

有钱，或是敢花，都意味着购买力直接提升，这对于商家来说肯定是好事。最近几年大家都在说消费升级，简单点来说，就是顾客的购买力提升，对高价位产品的接受能力提升了，不再只看便宜货了。近几年，各个行业都开始出高价位的产品，就连一些原来一直停留在中低价位的产品都开始出高价位的产品，几元钱的牙膏升级到几十元，几十元一桶的食用油升级到几百元一瓶的橄榄油，原来一两千元的洗衣机现在都开始出上万元的高端机型。大家都在努力推高卖贵，连对店员的宣传口号都在反复强调，卖高端产品才有高收入，才有未来。当然，高价位与高品质不一定画等号，在商业领域，各种玩弄的空间还是很大的。

不过，消费升级的红利并不是每个老板都能得到的，虽然有钱人越来越多，但老板们还是觉得生意不好做，高价位的商品不好卖，绝大多数顾客都在纠缠价格。老板们经常会想：难道是自己命不好，消费升级的顾客都没进我的店？

其实，客观来说，的确是存在消费升级，顾客的消费能力和消费意识的确提升了很多，但是，消费升级不仅仅是单纯的消费升级，还有对应的服务升级。

所谓服务升级，即顾客在购物时，对商家的服务也提出了更高的要求，诸如对店内环境、精细化接待、增值服务、售后服务等方面提出了更高的要求，尤其在店员的服务态度、仪容仪表、表情、话术、反应速度、专业水平等方面，也越来越挑剔。

这里还有一个情况，消费能力较高的顾客，高级消费场所去得多，见多了高标准的环境水平和服务水平，这个标准上得去，可下不来，吃过了燕翅鲍，再来吃糠咽菜就不行了。所以，对服务的要求只会越来越高。

消费升级，若是服务不升级，则无法得到消费升级的红利。不过，服务升级就得让老板首先在思想层面认识和认可，并落实到具体的行动上来：店面硬件环境要升级，接待流程要优化，服务用品要更高级的配置，对顾客的增值服务和售后服务要升级。当然，这些硬件的升级相对简单，老板舍得出钱就行。但店员服务意识的升级则较为复杂，这不仅是技术层面的问题，更是自身意愿和工作态度的问题，这就涉及老板对店员的人事管理系统了。若店员没有感受到被老板用心地服务和照顾，哪有心思去服务顾客。

八、拦截思想的危害

对于进店的顾客，店家当然想把生意做成，最好是当场就能成交。所以，只要顾客一进店，店家就不想让顾客空手出去，这一放跑了，顾客就会去照顾竞争对手的生意。因此，要抢在竞争对手前面，设法把顾客拦下来，怎么也得把这个生意做成。这也就是很多店家都会拦截顾客的原因。

在培训行业，为迎合店家的需要，也有类似的顾客拦截课程，只是这几年已经很少有动静了，因为这个拦截思想表面上看起来很有道理，貌似能直接提升现场成交率，但是带来的麻烦却更多。

1. 导致店员心里着急

拦截思想的核心就是两句话：一是别放跑顾客；二是务必当场成交。而且都是有时间限定的，因此肯定会让店员着急，这一着急，考虑问题也就没那么细致了，就没时间切换思维角度，诸如站在顾客角度考虑问题了，甚至，有些话没经过脑子考虑一下，直接就说出来了。并且，当人心里着急的时候，脸上表情一般不会好看，肢体动作幅度也较大，整体给人的感觉就是较为激动。

2. 使顾客购物感受变差

对于顾客来说，现在买东西越来越方便：在网上买，是图便宜和省事；

在实体店买，则更多的是看重有安全感和良好的购物感受。所谓良好的购物感受，就是在环境氛围良好的前提下，心情愉悦、自由挑选，能与店员进行轻松愉快的沟通，并接收到产品方面的专业解答。总而言之，在顾客整体感受良好的前提下，才会做出购买决定。

可是，店员一旦有拦截思想，就会着急，一着急，在语言动作、表情等方面就没那么讲究了，对顾客的接待服务工作也就没那么细致了，也就照顾不到顾客的感受了，还容易出现对竞品的语言攻击行为（试图借此来抬高自己），导致顾客感觉自己被压迫、被直接推销，觉得这个店家的品行有问题（攻击竞品）。这还可能会买吗？别说成交率了，甚至还会导致顾客加速离店。

3. 不考虑进店顾客的早期培养

从长线来考虑，每个进店的顾客都是长期顾客，并且还能带来更多的新顾客，每个顾客身上都有深入的持续开发价值。

而拦截思想在实际落地运行中，往往是把顾客当成一次性的，反正就来这么一次，赶紧逮住，不然跑了以后就没机会了。若是把顾客当成一次性的，自然就不会考虑到对顾客的长线培养问题，以及对顾客身边群体的开发问题，也不会建立让顾客下次进店的机会点。再者，若进店顾客的感受不好，这就等于每进店一个顾客，今后就少了一个顾客。或者说，反而是在给竞争对手送生意过去。

4. 直接取代顾客的判断权

顾客最终决定购买，往往是顾客自己劝自己的结果，而不是来自店家的劝说，在顾客心里，店家只是介绍产品、提供服务的，最终的采购决定在自己手里，店家要尊重顾客的决定权。但在拦截销售中，店家往往会直接取代顾客的决定权，直接替代顾客做出决定：你就买这个吧，这个挺适合你的。

大家都明白，现在是买方市场，要想赚顾客的钱就得研究顾客、迎合顾客。当顾客购物的选择权越大时，脾气就会越大，就会越在乎自己的购物感受，并且会居高临下地看待店家。再有，不好意思还价或是不敢提条件的顾客会越来越少。总而言之，越来越多的顾客把自己当爷当上帝了，讨厌被拦截被强迫消费。在这个大背景下，还玩拦截销售这一套，岂不是与顾客对着干？

九、实体门店的奢侈品导向

有两个简单的问题：

（1）店里在卖什么？

（2）把进店的顾客当成什么人来看待？

在许多店老板看来，这简直就不是问题，店里卖的当然是货了，是家电、化妆品、服装、床品、奶粉、尿不湿……另外，进店的顾客就是顾客，是来买东西的顾客。

其实，现在开店做生意，不能只站在店老板的角度来考虑问题了，毕竟供大于求，顾客的选择余地越来越大，得更多地站在顾客的角度，甚至在有些方面还得超越顾客的所思所想。

关于这两个问题，建议店老板换个思路：

（1）无论店里卖的是什么商品，都要将其当成奢侈品来卖。

（2）把进店的顾客，都当成“皇上”来看待。

结合起来，所谓的门店生意，就是把奢侈品卖给“皇上”。按照这个思路，重新考虑对顾客的接待和销售流程。

为什么要这样设定？因为，在传统的分析定位中，往往是假定顾客存在一定的需求，并且具备一定的产品专业知识，于是，总是去研究顾客的需求在哪里，或是一个劲地给顾客讲解产品的各种卖点，强调各种性价比。另外，有些店老板习惯性地将顾客设定为穷人，坚持认为十个便宜八个爱，总把顾客向价格、打折、赠品、活动等方面来引导。

而现实情况又是什么呢？

(1) 且不说富人越来越多，至少，敢花钱的人越来越多了。

(2) 家里其实也不缺什么，也没什么刚性需求，该有的东西也都有了。

(3) 出来逛逛街，也不见得非要买什么，看到了、看上了，就买呗。

(4) 可买可不买，主要看心情。

(5) 消费，从有计划的理性采购行为逐渐转向感性的心理舒缓行为。

以上这些，都符合奢侈品的消费特性。那么，奢侈品在销售过程中有哪些特点呢？

1. 把顾客当成“皇上”来看待

有些人骨子里谁都看不起，但凡有二两本事，就立马膨胀起来，太把自己当回事了，甭管有钱没钱，一进店都是大爷。作为店家，干脆一步到位，直接把顾客都当成“皇上”看得了。

“皇上”嘛，首先是没错的，所以不能否定“皇上”的任何采购需求；其次在态度上要给足面子，要无微不至地将其照顾好；还有，“皇上”是极其尊贵的，吃穿用度，自然是要最好的。于是，店家为顾客找遍全世界，找最好的原料、最好的工艺、最好的师傅，只为“皇上”所享受的无上尊品。

2. 研究顾客的心理需求，而不是对产品的功能需求

产品本身的功能，不需要太多介绍，说多了反而啰唆。重点是要能照

顾到顾客的心理需求。比如说要面子、想与众不同、想衬托出自己的高贵气质和独特魅力。奢侈品所满足的，更多的是心理需求，而不是功能需求。

3. 现场环境

先想想“皇上”最适合待在什么样的地方。

必须是金碧辉煌，而且看起来要有皇家范儿、有国际范儿。看看那些奢侈品店的装修，即使进去的是货真价实的皇帝也不会觉得屈就。

对于顾客来说，进入这么高级的场所，自己的气势先矮了三分，或是觉得自己要注意形象和言辞，哪里还敢畅快淋漓地杀价。

4. 超水平服务

皇上吃顿饭得上百道菜，慈禧太后洗个澡要用掉几十条毛巾。“皇上”进店了，这接待服务指定得是超水平的，夏天进店得有冰镇毛巾、雨天进店得有干毛巾伺候、坐的沙发要真皮的、擦手的纸巾得是超柔的、店里的空气得是经过净化并加湿的、喝的水得是依云或是圣培露的，就是扔个垃圾的垃圾桶也得是不锈钢带自动感应的。别心疼这些钱，最终都是羊毛出在羊身上，如果舍不得这些投入，还真打动不了“皇上”的心。

也许有人会说，这奢侈品店咱也进去过，感觉服务态度没那么好啊，有些店员还挺拽，对顾客爱理不理的。其实，这得分两种情况：一种情况是店员的识别能力超强，一眼就看出了你的实际消费能力，也就没打算在你身上花心思了；还有一种情况就是玩策略，故意拉开一点距离，摆点谱出来，稍微刺激一下顾客，看顾客是真有购买实力还是纯粹进来开开眼界的。

总而言之，随着顾客购物的选择权越来越大，脾气也会越来越大，对门店的服务要求也会越来越高。门店不如干脆超越顾客的所思所想，直接把顾客定位为“皇上”，把店里的商品定位成奢侈品，围绕着把奢侈品卖给“皇上”的思路来做运营，该调整的调整、该投入的投入。

同时，顾客一旦进店，尝到当“皇上”的滋味后，心里会形成标尺，再到其他店里，马上就会感觉到落差，即便其他店有些价格上的优惠，也不能减小这种落差，毕竟，便宜虽然好，但心理上的满足感更重要。

十、专卖店升级，厂家要充当什么样的角色

电商的突飞猛进，很大程度是因为实体店的落后，诸如现场环境脏乱差、服务水平低、顾客管理缺乏系统性等，门店自身已经非常脆弱，再加上被网店的价格稍微一冲击，立马就被击垮。

不过，我们能几何倍级地做大一个产业，也能很快将其做垮，电商的高速发展也使其产生了一堆的问题，如货物品质没保障、假冒伪劣充斥其中、退换货麻烦、糟糕的物流快递等，电商的信任度在被迅速透支，已经往做烂的方向发展，再加上大平台的运营费用甚至远超实体店，厂商也不敢一门心思地放大电商平台了。再者，随着平台费用的增加和税务机制的完善，以及厂商的线上线下价格平衡机制，电商的价格优势估计要越来越淡化了。

在被电商狠狠冲击一把后，有些实体店直接被冲垮，有些还在苦苦支撑。当然，还有些实体店则逆流而上，通过强化门店环境、优化服务流程、提供更多增值服务、提升实体店的可信度等措施，重新抢夺市场。

市场总是在变化的，做生意，什么时候都要有应变的准备，甚至要主动地进行自我变革，与其骂电商或是发牢骚说生意不好做，不如主动改变和提升自己。不过，道理是这么说，在开店的老板中，小老板居多，等、

靠、要的思想普遍，完全等待店老板自身的觉醒和主动是不行的，作为上游厂家，在这个当口，要主动出手，毕竟，虽然是终端店的问题，但最终影响的还是上游企业的业绩，尤其是只做某一个厂家单一品牌专卖型的终端门店。

那么，在实体店升级的过程中，厂家要充当什么样的角色呢？具体要做哪些事情呢？

1. 当导师

作为上游厂家，毕竟站得高、看得远，整体的发展规划性更强，技术能力更强，对于有生意往来的终端店，要承担起导师的责任和义务，确保在厂商合作中的主导地位。若是只顾着与店老板锱铢必较，那也会让店老板看不起的。

2. 保持思想引导与教育工作

（1）当导师，就要有对应的思想引导和教育工作要做。当然，只考虑自身利益的说教是洗脑，站在客观角度为店老板的自身利益考虑才是教育。

（2）从更高的高度来扭转店老板的思想。毕竟，大多数的小老板境界有限，只能站在自己的微观角度看问题，习惯性地向外部环境或是别人身上推卸责任，以此来解释自己的生意没做好的原因。

（3）教育工作的持续性。店老板每天也在被同行、被竞争对手，乃至被顾客洗脑。所以，教育工作不是一次两次就能把店老板的思想扭转过来的，足够的持续性非常有必要。

（4）阐明清晰的方向，明天在哪里，这生意还能怎么做。店老板们的茫然，需要在厂家这里得到明确的答案。

3. 方向之后得有方法

方向很简单，一两句话就能说明白。但涉及的具体方法就多了，各种方法、创新的思路、各类可参照的运营和管理模型等，都需要厂家不断地拿出来，只有运用足够多的方法，才能有效地支撑方向。

4. 建立标杆店

多数人更相信眼见为实，嘴巴说出来的都是理论，亲眼看到的才是实际。所以，在理论教学的基础上，还得打造些样板店出来，让店老板们能亲自去看一看。当然了，这些样板店还得实现网络化布局，实现就近参观，太远的样板店也没什么影响力。

5. 培养执行人员

事情总要有人做，对于终端店的引导工作，要么是厂家的专职内训师做，要么由业务人员兼任，要么直接帮助终端店培养内训师。总而言之，要有一支队伍来负责具体的推进工作。这个方面得学习化妆品行业，其在很早就开始帮助下游客户建立内训师队伍。

总而言之，在电商的冲击下，实体店不进行主动升级改造，日子只会更惨，在这过程中，厂家要发挥主导作用，从方向到方法，得有些具体的措施出来。不过，大多数厂家并没有考虑这么多，小厂家觉得自己干不了这个事，大一点的厂家又在等待店老板自身的主动进步。而那些更大的厂家、行业标杆级别的厂家，要么开始放弃实体店，转向拥抱电商；要么出台单方面的标准和要求，强化考核，要终端店照章执行。这虽然也是在提升门店，但手段过于强硬，要求多、辅导少，最终导致实际效果有限。

在厂商合作中，上游厂家若是放弃对终端店的扶持，指望门店自身的觉醒和提升，那就更没谱了。

十一、终端店整改的基本推进次序

决定成交的背后，有一堆的因素；导致不成交的背后，也有一堆的因素。即便对终端店进行整改，所要面临的问题也是一大堆。

问题多，且互相之间存在关联性，解决起来就要切忌东一榔头西一棒子，不然就会按下葫芦浮起瓢，折腾半天又恢复老样子。得提前设定好逻辑关系，按照一定的次序来推进，环环相扣、前呼后应，这样才能较好地取得整改效果。

终端店整改的基本原则：

（1）系统排列，分级推进。

（2）持续推进，避免中途断开。

（3）先易后难。

（4）先内后外。

基本的推进项目次序排列如下。

1. 现场环境

店里主要有三大因素：人、事、物。

物就是现场环境，包括桌椅板凳、店招橱窗、产品陈列、店内清洁整顿等。相对来说，物是最简单的（至少比人简单多了），可以直接对物品和环境的管理制定新标准，分工到人，执行起来也较为简单，过程和结果皆可量化。

先改善店内的环境，主要是避免因为糟糕的店内环境而导致堵客进店的情况出现。至少，让路过的行人对门店能有一个基本的好的记忆点。同时，整洁的店内环境也能在一定程度上改善员工的心情。

2. 店员的工作态度

销售的成交，更多的是店员的人为因素。人为因素主要分为两个：想不想干的态度问题、会不会干的技术问题。先解决的，应该是态度问题。

按说，店员刚来的时候都挺好的，但时间一长就不行了，工作状态明显变差，工作状态变差的原因不找出来，再招新店员也是如此。一般来说，导致店员工作状态变差的原因，主要有这些：

（1）对店员在入职前的职业履历不了解，即对其以前的工作能力和工作态度不了解。

（2）没有明确店员的入职取向，简单地认为店员只是来工作挣钱的。

（3）在入职之前，没有如实介绍工作特点、工作压力，以及可能会面临的问题，导致店员入职后，出现较大的落差感。

（4）没有职业规划，店员看不到未来的发展空间，长期的重复工作很容易让店员懈怠。

（5）被老店员排挤。

（6）老板所认为的工资行情和店员所认为的工资行情之间，没有客观的第三方标尺，老板认为给得不少，店员认为低于行情，在经济上吃亏了。

（7）岗位职业和工作标准不明确，出现内部扯皮的现象。

（8）老板自身存在失信行为，导致店员不信任老板。

（9）遇到问题时，得不到技术帮扶，只能自己想办法解决。

这些原因直接导致店员在入职后的工作状态变差，在主观意愿上对工作缺乏兴趣和责任心。所以，针对这些问题，店老板要进行主动的查询清理和修补，在店员保持良好工作状态的基础上，才能有效地进行技术辅导。也就是得先解决想不想干的态度问题，再来解决会不会干的技术问题。

3. 不得罪顾客

做销售的最高境界是“卖”人（即顾客对销售人员的个人认可），人都能“卖”掉，那就什么都能卖掉。最起码的要求是不得罪人，当然，得罪人肯定不会是主观上的，而是无意中的，无意中的语言、表情、动作、行为等，导致得罪顾客。这些得罪人的具体方面，要清理列出，禁言禁行。

4. 精细化接待

产品同质化、品牌同质化、营销活动同质化，大家的套路都差不多，竞争的难度自然就加大了。最好的竞争就是脱离竞争，建立自己的新标准，与竞争对手拉开差距，不能在同一个层面上。

在产品、品牌活动都差不多的情况下，就剩服务还有些提升的空间。当然，一般性的服务措施大家都有。要想发挥竞争优势，就得推出其他店没有的服务措施，例如将接待工作进行精细化提升，从服务流程到执行标准都提升到更高等级，别人没有的服务，才是服务。

5. 与周边门店的关系

周边的门店可分为两种：一种是存在直接竞争关系（销售同类商品）的门店，一种是不存在竞争关系但存在共享客户资源的门店。对于那些不存在竞争关系的门店，要进行主动的关系建立，多走动，送点小礼物，喝喝茶，交流经验，共享一些客户资源，互相做一些产品推荐。至少，周边门店不说你坏话、不捣乱，就算是帮忙了，若是关系建立好了，周边的门店就是你的导购。

以上这五点，是门店整改工作的基本推进次序，五点工作落实到位后，再推进产品结构调整、销售策略、老顾客维护、店员激励等方面的整改工作。

第二章

卖高端产品的重点（一）——对顾客的深入研究

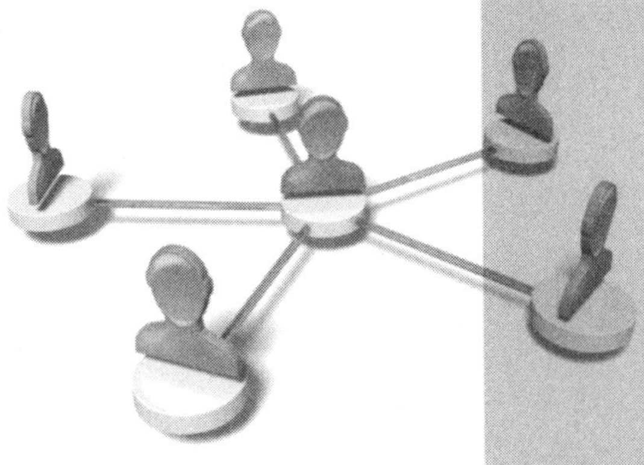

一、进店顾客的基本类别划分

对于店家来说，每个进店的人都是希望，希望今天顺利成交，希望顾客买高端产品，希望做团购工程大单，希望顾客再回头，希望顾客再带顾客来……

不过，希望有时候会变成失望，顾客进店不一定购买。下面分析进店顾客的常见类别。

1．进错店的

眼神不好，或是腿不听指挥的，进错店了。当然，这类顾客在发现进错店之后，别说买东西了，连看都不会多看一眼，掉头就走。

2．进店寻求帮助的

过路行人进店问路、借用洗手间等，店家若是能热心相助，也许还能把行人转变成顾客。

3．进店消磨时间的

在附近等人等车，要找个地方来消磨时间，想坐下来休息一下吹吹空调。这类人进店有个特点，就是表情严肃，不需要接待及介绍商品。

4．要饭的

模式一：恭喜老板发财！恭喜老板财源广进！

模式二：我们是××庙的，广结善缘做法事，您做个功德吧……

模式三：可怜可怜吧，我都三天没吃饭了，打发点吧……

模式四：知道我们老大吗？大名鼎鼎的山鸡都不知道，敢在这里开店？

走了一拨再来一拨，每天不胜其烦。不过，要饭也分文武两种，文要只是装各种可怜，武要则是斗狠，起价几百元，不给就自持板砖自拍脑门……

5. 闪客

进店后快速转一圈，离店。也许你连男女还没分出来，人已经走了。

6. 拍客

拿个相机各种拍，不让拍还不高兴，拍完了抬腿就走。

7. 脑子不好的

据说每三十五个人里，就有一个精神病患者，店里每天来一两个精神病患者也是正常的。

8. 醉酒的

没喝酒之前，他是中国人，喝大了之后，中国是他的。不过，人在醉酒后，更容易做出采购决定。

9. 参观考察的

主要是各类创业者前来参观学习，看得多、问得多、拍得多，但是买得少。

10. 同类门店来做市场调查的

活生生的特务，一进店就直奔敏感商品，敏感价格、敏感活动统统记录在案，或是来抄版的。有些店老板对此很烦，于是在店门口贴告示“同行莫入，面斥不雅”。

11. 政府职能部门的例行审查

诸如消防、城管、街道、公安、卫生防疫、工商等。

12. 媒体

媒体来并不见得都是好事，尤其是下面这三种情况：

（1）没打招呼预约，突然冲到店里要采访的。

（2）正大光明地采访也就算了，还有玩偷拍的。

（3）出现行业性事故时，所进行的针对性负面采访。

13. 贼

有贼进店了，一般分为三种情况：

（1）进店偷东西的。

（2）尾随顾客进店的。

（3）白天只是来踩点，夜里再来动手的。

14. 骗子

相对于贼来说，骗子稍微讲究一点，诸如各种换钱的、卖假货的、改装印钞机的、谎称大单位要定向采购的。

15. 急客

着急要买的，马上就要提货。

16. 先看看的顾客

当前肯定不会买，先来搜集信息的，例如房子要三个月之后才到手，装修方案还没出来，现在先看看家电和家具的基本情况。

17. 可买可不买的

看情况，若是合适也能当场买，不合适就下次再说。

18. 带随行者的

带家人的、带亲戚朋友的、带闺蜜的、带孩子的、带宠物的，可要当心点，好多生意不是毁在顾客手里，而是毁在顾客的随行者手里。

19. 过来退货投诉的

退货！赔钱！赶紧给我维修！没法修就换货！不然我就去投诉！就去找媒体！

20. 意向顾客再进店

这个不错，前期已经来看过了，有些初步的意向，现在再次进店，说明已经到各家转了一圈，家里也商量一致了。

21. 老顾客进店聊天的

老顾客，今天不买东西，只是路过，进店打个招呼，闲聊几句。

22. 老顾客的回头生意

这个更好，前期已经买过的老顾客今儿又来买了，或是带新顾客来买。

23. 邻居门店介绍过来的

邻居门店老板介绍顾客过来。

24. 送礼型采购

送礼给别人，也许是功利因素，也许是亲情。

25. 赔偿型采购

买东西的心情都不好，差不多对得上就行了，价格嘛，越便宜越好。

26. 为出租房采购

房子里的标配能用就行了，价格不能超过预算，质量稳定，对诸多的新功能兴趣不大。

27. 单位采购

公事公办，单位采购，在价格品牌功能符合的基础上，再看看服务态度如何。

28. 设计师购买

设计师为顾客采购，考虑的不仅仅是价格和质量，还涉及整体装修风格的兼容。

29. 安装工带来的生意

在为顾客安装或是维修的过程中，涉及要买新机的，将顾客介绍到店里来。

30. 纯粹来看价的

已经买了，或是别人送的，这次进店纯粹就是来看看价格。

这里所列的只是常见的类型，实际进店的顾客也许还不止这三十种，这其中相当一部分不是正儿八经的顾客，有些甚至是来捣乱添麻烦的。但是，开门做生意，来的都是客，都要接待、都要面对，因此，要学会迅速识别，然后分类接待。

二、大多数顾客既不进店也不买

什么意思？有以下两种情况：

（1）从店门口路过的行人，多数是不会进店的，只是路过而已。

（2）即便进店的顾客，往往也只是进店随便看看，转一圈就走了。一般来说，门店当天的进店成交率，能做到三成就算不错了。

怎么办？是长吁短叹说生意不好做然后等着，还是主动积极地去研究和利用？

店门口路过的，叫人流；进店的，才是客流。虽然大多数只是人流，但也不能就这么放过去了，要做点文章在里面。传统的思想是进店才是客，但是如今，对每天在店门口路过的行人，也要当作顾客去对待才行。

1. 建立记忆点

从店门口路过的行人，虽然今天不会进店，但要想办法让行人对店面有印象，知道店里是卖啥的，以后有需求的时候，脑子里能先想到这家店。可在以下几个方面让行人对店面产生印象：

（1）店招。

（2）橱窗。

（3）店门口的横幅、挂旗、易拉宝、X 展架、气模。

（4）店门口的打堆陈列、花车陈列。

（5）店门口传发的宣传单页。

2. 正面记忆点

在记忆点的基础上，再升级为正面记忆点，就是让行人不但记住这家店，还能对这家店有好的印象。诸如：

（1）门店的公德心体现，如主动清洁店门口的街道路面，下雨天放置“小心路滑”的提示牌。

（2）店外空调机的出风口朝上，不吹到过路行人。

（3）店门口不摆放占据街道的杂物或是货物。

（4）每天的店招及橱窗清洁。

（5）多年老店的信息显示。

（6）对老顾客的回款或是服务升级广告。

建立记忆点，目的是让每天路过的行人对门店留下印象，最好是正面的印象。做早期的门店信息植入，让行人在后期有需求时，马上能想到门店，或是身边其他人有类似需求时，能主动推荐。

那些已经进店的行人，无论今天买不买，都是顾客。虽然他可能今天不买，但存在下次购买或是向别人推荐的机会。

这类今天不买的顾客，很大可能是在选择，处于购买前的信息搜集阶段，也就是说，他还要去其他同类的门店。为了争取顾客下次再回头，有些工作必须要做：

（1）该做的服务接待工作，一样不能少。

（2）千万不要问“您今天能定下来吗?”“今天能买吗?”这类催促顾客购买的话。

（3）向顾客强调，能进店看看就是给我们店里机会了，就是给我们店里面子了。

（4）在接待流程、服务态度、产品介绍、店内环境等多个方面，建立较高的标准。目的是让顾客带着这些标准，再去其他门店，也就是在顾客的心目中，把竞品门店比下去，提升顾客下次再回头的概率。

(5) 别让顾客空手离店。不管顾客今天买不买，都别让顾客空着手离店。除了基本的产品单页和店名片外，店里还要有礼品储备，无论是厂家配发的赠品，还是店里自采的礼品，在顾客临走时，给顾客捎上一个，进一步加深其正面记忆点。

综上所述，做门店生意，千万别只是在店里干等着，不要错过每天从店门口路过的行人，所以，别闲着玩手机，有大把的工作要做。同时，在运营思想上也要调整，要从原来的“进店才是客”，转变成“路过也是客”和“离店也是客”。

三、顾客进店不是来买东西的

顾客进店是来干吗的？当然是来买东西的！

这是绝大多数店老板以及营业员的思维模式。于是，围绕着“买东西”这个核心，开始与顾客沟通，诸如产品功能、质量、新产品、价格、活动、促销、买赠、大酬宾等。不过，很多顾客的回应是“哦，哦，哦，是吗？呵呵，我先看看”。

换个角度来看，顾客真是来买东西的吗？现在买东西太方便了，无论是产品、品牌、价位，还是购物场所，选择面都非常大，甚至门都不用出，在网上就可以直接买了。

再说了，很多东西也不是急用，买也可以，不买也可以，例如化妆品、衣服、食品饮料酒水、小电器等，拿着购物清单，火急火燎地冲到店里来的顾客，总归是少数的。

那么，顾客进店是来干吗的？哦，是随便看看的……

当然了，这个“随便”其实也不“随便”，让过路的顾客能愿意进店来看看，也是要具备几个前提条件的：

（1）店门口路面整洁，无杂物堆放、无破损、无积水。

（2）墙面没有乱七八糟的小广告，或是明显的污渍。

（3）店门口没有震天响的口水歌循环播放。

（4）店内灯光明亮，有通透感。

（5）橱窗布置别致，有特色、有看点。

（6）店门口的信息公告牌内容有吸引力。

顾客也许没有这方面的购物打算，只是觉得这家店看起来不错，干净别致，有新鲜的看点，在产生好感的基础上，自然有进去看看的打算。

在顾客进店之后，瞬间便能感受到店内的现场气氛。需注意以下几点：

（1）温度和湿度是否舒适，是否有憋闷感。

（2）店内是否有异味。

（3）店内的背景音乐是否合适。

（4）店内色彩布局是否有档次，有没有污点。

（5）店内地面是否起伏不平，或是有台阶。

以上这几点直观的感受，也就是几秒钟的事，这几秒钟就决定了顾客是继续走进去看看，还是掉头离开。再接下来，就是店里的人员服务了。先得从打招呼开始，然后引导顾客进店，探寻初步的购物意愿，是看看还是有指向性的。服务细致些的门店，相关的留客措施马上就要跟上了，诸如端茶递水、提醒顾客手机充电、给顾客安置大件行李、雨天给顾客提供擦手纸、给戴眼镜的顾客提供擦镜布等。人为性的服务，直接影响了顾客进店之后的心情，也就是进一步延长了顾客的留店时间，这也是听取介绍、双向沟通、选择采购的基本前提所在。

当然了，从顾客的角度来说，更多的是感性的情绪导向，觉得店不错，有点意思，有好奇感或是新鲜感，进来看看，进来之后，感觉更不错，环境挺好的，这服务态度也挺好，于是也就有兴趣留下来四处看看了。也许有喜欢的，也许有合适的，心情好，看着顺眼，做出买东西的决定也容易些。甚至，对商品并没有明确的需求，但是，因为心情好，自己给自己找一个买东西的理由，也许以后用得着，也许可以拿来送人。

顾客买东西，说到底，并不是店员劝说了顾客，而是顾客自己劝自己，就像现在各种节日消费，都是在给自己找消费理由而已。当然，顾客自己劝自己买东西，往往并不是实际的需求，而是哄自己开心而已。

总而言之，顾客进店，不都是抱着清单来采购的，可能只是毫无目的地随便看看，是否要买东西，视心情而定，高兴就买，不高兴就走。毕竟，钱在顾客手里，只有顾客自己能劝自己，别人劝都没用。

站在店家的角度，就需要换一种待客思维了，不能总是以卖东西为导向，而应以卖享受为导向。也就是让顾客从进店那一刻开始，在硬件环境、现场氛围、员工服务等多个维度，都能体验到舒服，心情愉悦，把顾客的逛店行为提升为享受行为。顾客心情好了，接下来再来与其沟通商品需求也不迟。

四、顾客花钱所处的三种状态

在买卖之间，就是钱货往来，这货在老板手里，可这钱是在顾客手里，怎么让顾客把这钱花出来，也是老板们要费心思的地方。

在顾客自己有选择权的前提下，肯定是在顾客自我感知良好的情况下，也就是顾客自己愿意、开心，觉得值得，或是认为有必要的情况下，总而言之，花钱还是不花钱、花多少钱，主动权都在顾客手里。

一般来说，顾客愿意花钱，一般是处于以下三种状态。

1. 觉得便宜

也就是价格导向，觉得便宜、合算，或是今天仅有的特价促销机会，于是出手购买。这类顾客属于价格敏感型，看重价格，其他方面考虑得不多，或者也不知晓，既没有对商品进行全面深入的了解，也没有相应的客观化对比标尺，反正就是觉得便宜就买。

早期这类顾客占比较大，毕竟以前穷日子过多了，手上没几个钱自然要省着花，现在即便经济上宽裕一些，但花钱的思维习惯还停留在穷人模式，即只看价格、不看价值。

特价、促销、买赠、抽奖等价格导向的活动，主要针对的也就是这类顾客。

2. 性价比高

不是完全从价格角度来评判商品，而是会综合多个方面的因素，诸如从自己的实际需要、产品品质及耐用性、售后服务、增值服务、后期分摊下来的使用成本等方面综合衡量。

这类顾客相对成熟和客观，看待商品价格较为客观，比较讲道理，具备一定的算账能力，不过，也具备一定的抗忽悠能力，店家若是运用低级的忽悠手段，反而会起反作用。从总体来看，这类强调性价比的顾客占比正在逐年上升。

3. 购物感受好

看心情，看心情，主要是看心情。对商品本身也许不了解，甚至需求也不急迫，买也可以，不买也可以，例如加油站那些推销汽油添加剂的，加也可以，不加也可以，高兴我就买，不高兴就拉倒。

这样的顾客主要由两大类构成：一类是富人群体，钱多钱少根本就不是个事；还有一类是虽然不是很有钱，但特别在意有没有面子，在意自己的感觉，甚至细微之处的感觉，这类顾客尤其包括刚从其他门店出来，感觉自己被其他门店所懈怠的顾客。

这类顾客要的是购物过程中的感受，感觉愉悦了，什么都好说。对店家来说，对于这类顾客就得给足面子，给予足够的尊重和重视，热情服务，照顾周到，舍得投入，将一些服务工作进行前置，让顾客在购买之前就享受到相关的服务。例如让新顾客直接就能享受到 VIP 老顾客才能有的服务。

以上是对顾客在花钱这个方面的简单划分，可作为新进店员培训的基础知识，实现对进店顾客的初步划分，区别对待，有效沟通。

五、面对顾客的三个层次

开家小店不难，投入少、起点低，但是，若想做大做强，那就得下不少功夫了。能否把店做大做强，除了市场背景和投入资源外，更多的是靠老板的思维，也就是老板是怎么看待自己的店、自己的生意，乃至自己所面对的顾客的。

简单来说，在面对顾客这个层面，有三个层次：

1. 老板自己想卖什么

这是九成以上的创业者在起步时候的生意思维：认为做生意就是卖货赚钱，卖好货就会有销量，有销量就会赚钱，认为商品就是生意的核心和起步。所以，在面对顾客时，核心就是强调自己有什么，反复强调我的商品有多好，价格优势如何，我的服务又是如何，来买的就是识货的，来了不买的就是不识货的。也许生意并不太好，但为数不多的回头客往往成为老板坚定干下去的信心支撑。

老板的注意力和感情，更多的是投在自己的商品上，不能接受对自己商品的批评。在面对顾客时，更多的是自己的主观思维，只是强调自己认为这个商品是好东西，而较少考虑顾客是怎么想的。

2. 顾客要什么

开店开到第二个层次时，老板会客观一些，不再坚持自己的主观看法，也知道自己的个人喜好并不能代表顾客群体，迎合顾客比强调自我更重要，对商品价值的判断权也会交给顾客。当然，需求决定价值。这个时候，老板们开始研究顾客的需求，基于顾客的需求引进产品、设定产品结构、设定价格体系和促销方式，乃至陈列方式。

到这个层次，老板们开始建立客观的视角，能在一定程度上与顾客换位思考，并能将经营和顾客的需求结合起来，开始有点成熟商人的感觉了。

3. 引导顾客需求

满足顾客的需求能让生意经营下去，但是，迎合对方，必然要委屈自己，并会在一定程度上压缩自己的利润空间，赚小钱是可以的，赚大钱就难了。

再往上走，就要会引导顾客的需求了。在了解顾客当前需求的基础上：一方面，深入研究各类需求的延伸和变化特性，把需求面放大加宽，逐渐引导到有利于自己利润最大化的方面来，例如从普通等级的商品引导到高等级的商品；另一方面，就是研究新的需求，从无到有，创造出新的经营范畴，增加新的利润来源。

卖东西这个层面较为简单，老板自己就能搞定。当然，老板思考经营问题，自然会带着不少主观性，容易陷在“我要卖什么”这个框框里跳不出来。

若是要上升到“顾客要什么”这个层面，老板最好别自己一个人考虑，要容纳更多人来共同思考和探讨。例如要组建市场部这类机构，设立专业的岗位，大家来集体讨论和研究顾客的各方面需求，并设计对应的满足方式，从中获取利润。老板在这其中只能作为一个组织者和最终的决策者，而不能全程主导或是先入为主，否则，就又回到老板的主观思维模式上去了。

再到“引导顾客需求”这个层面上，此时就会涉及较多的专业技术和资讯支撑，不但内部要有市场研究类部门，还要和外部专业机构合作，与市场数据分析、消费者研究、市场咨询机构等专业机构进行合作，才能有效地完成从顾客需求深入研究到需求引导全过程的技术类工作。

六、顾客能来就是给面子

满怀希望地欢迎顾客进店，刚开始接待时态度还是不错的。可是，大多数顾客进店之后，只是四处看一看，简单了解一下情况，问需求不肯说，电话号码也不肯留，然后什么也不买，转身就走了……

来了又不买，店员自然很失望，态度就没那么热情了，接待服务工作也没那么细致到位了，甚至连产品介绍也没心情了，送客也不送了。

心情可以理解，毕竟现在经营压力大、业绩指标重，来了又不买，就是浪费店员的时间。但是，做生意不能完全按照自己的主观意愿来，要有全局观，要从顾客的角度考虑问题，有些客观的实际情况还是要考虑到的：

（1）电商越来越普及，在这个大背景下，能进实体店逛逛的顾客已经很宝贵了。

（2）市面上有那么多门店，顾客必然是选择性地进店，能进来就是给店里机会了。

（3）进来的顾客不一定当天购买，也许是下次再来，或是推荐亲戚朋友过来。

（4）从顾客的角度来说，采购大件商品、昂贵商品，或是专业度要求较高的商品，肯定要四处看看，搜集商品及店家信息，再货比三家。站在门店的角度，顾客需要一个培养的过程。

（5）顾客的采购决定需要经历信息搜集和对比分析这么一个过程。所以，顾客首次进店，能给顾客留下一个记忆点，最好是正面的记忆点，就算成功了一半。

（6）从某种意义上来说，要敢于让顾客先来看看，再去竞争对手的店里看看，让顾客自己来比较，比产品、比服务、比专业、比售后，无论比什么，我们都要敢于比较。

基于这些基本情况，店员对进店顾客要树立这么一种思维：

来的就是客！

不管顾客今天买不买，进店就是我们的客人，就要珍惜，要以客为尊，认真做好全程的服务接待工作。先确定一个小目标，即让顾客对我们的店有个好印象（正面记忆点），那就行了。

若是急于把进店的顾客立马搞定，反而会带来些负面影响：

（1）有些店员脑子里还是传统的拦截思想，即设法把顾客堵在店里不让走，觉得顾客一走可就回不来了。

（2）店员越是急着当天成交，顾客越会感觉到紧张。一紧张，自然担心被宰、被忽悠，价格没到底，接下来很自然就会想到不能定，再到别家店看看。

（3）怕顾客走了不回来，说明对自己的产品和接待服务工作没信心，底气不足，不敢与竞争对手相比，只有趁顾客还没有进行比较之前，直接搞定。可是，现在顾客的选择权越来越大，店员如果试图取消顾客的选择权，会很容易引起顾客的反感。

从定性的角度来说，在顾客成交的因素中，很大程度是因为面子。在顾客看来，商品都差不多，也买得起，最终决定因素往往是面子，也就是要看哪家把自己的面子照顾得更好。换句话说，就是购物体验感良好，店员给面子，是生意谈下去的前提，若是让顾客丢了面子，那就直接拜拜了。

这个给面子，是贯穿整个销售过程的，从顾客第一次进店开始，就得让顾客感觉到有面子。另外，给面子也是个互动，从当前的市场环境来说，顾客能进店，就是给面子了，也是给机会了。若是店里的店员没有及时回馈面子给顾客，那就是没有给顾客面子。在古代的门店生意经中，顾客进店，甭管是不是买东西，也甭管是什么身份，店家都要来上这么几句：您能来，就是给我们小店长脸了；阁下莅临本店，本店蓬荜生辉；二位贵宾，楼上雅座……

最后总结几句话：

进店就是客，能来就是给面子。无论买不买，态度不变化。

七、谁是高端消费者

总的销售额只是个数量，销售额里面的高端产品占比才是质量。毕竟，高端产品的利润贡献率更高。大家自然想卖高端产品，但这高端产品卖给谁？自然是高端顾客了。那么，谁才是高端顾客？

1. 有钱的

这个道理最简单，有钱的顾客自然是最常见的高端顾客。不过，作为店员，怎么才能知道顾客是有钱人呢？人家有钱人也不会在脑门上刻字说明，再者，越是有钱人，说话越谨慎，很少会直言自己就是有钱人。那么，就得看店员的眼力见了。按说在对有钱人的识别方面，店员对这几个方面的识别的基本功是要具备的：

（1）主流的奢侈品商标，包括箱包、手包、眼镜、鞋帽、皮带、手表、手机等。

（2）头发、皮肤、牙齿等方面的养护水平。

（3）车钥匙，主流的名牌汽车标志。

（4）名牌香水的味道。

（5）顾客孩子的打扮和整体气质（这个最难作假）。

（6）猫狗宠物的品种。

当然，有钱人不一定大方，很有钱但很抠的人多得是。

2. 敢花钱的

也许钱没多少，但是敢花啊，没钱可以借、可以刷卡、可以透支，只要自己能说服自己，没什么钱是不敢花的，甚至敢花超出自己实际经济能力的钱。

那么，人在什么情况下才花钱呢？主要是这几种情况：

（1）看钱的来源。

一般来说，挣险钱和巧钱的人，都特别敢花钱。所谓险钱，就是冒着巨大风险，把脑袋别在裤腰带上挣的钱，诸如各类存在巨大风险的工作岗位，冒着这么巨大的风险挣到的钱，有啥不敢花的。所谓巧钱，就是不费吹灰之力就赚到的钱，这钱来得轻松，自然也就花得不心疼了。例如意外的奖金、彩票中奖、单位的钱、别人给的钱（父母给孩子的钱等）。

（2）从小就被培养出来的花钱习惯。

打小家里就有钱的人，一直以来习惯了高品质的生活，买东西自然要买好的，即便当前的经济状态不是很好，但生活档次不能降低。

（3）花钱时的心情。

人在特定的情绪下，也会不把钱当一回事，这时候，也许是慰藉自己，也许是哄自己开心，也许是要庆祝一下，也许是平衡自己的得失，总之，自己的感觉最重要。比较常见的场景是刚从医院出来的、喝过酒的、哭过的、近期在承担巨大压力的（这些人会把消费当成一种缓解压力的方式），或是最近有重大喜事的（新房新车、要结婚、刚有孩子、职务晋升、新换了工作）。

对于店员来说，有钱的不一定是高端消费者，不敢花钱的也肯定不是高端消费者。前面说了几种敢花钱的情况，还有一种就是挣苦钱的情况。所谓苦钱，就是非常辛苦赚来的钱。虽然在赚钱过程中不会涉及生命危险，压力也没那么大，但是日复一日，非常的辛苦和劳累，这样赚来的钱自然是舍不得花的。当然了，很多老板也是挣苦钱的……

3. 自己脑袋长在别人肩膀上的

也就是没什么主见的人，对情况不了解，也不愿意去研究，容易受别人的影响，觉得店员说得很有道理，甚至自己都没想清楚的事情，店员都考虑到了，干脆就不费这个心了，你说怎么办就怎么办吧。

这个看起来简单，但是对店员的要求却是最高的，需要店员在短时间内让顾客建立起对自己的信任，包括具备个人层面的认可度、专业技术层面的信服，同时还得洞察顾客的心理活动状态，把握好接待流程和沟通话术，让顾客感觉到舒心和放松。总而言之，就是店员已经把自己“卖”给了顾客，在这个基础上，再来卖货就简单多了。

八、顾客的谎言

古话说，从南京到北京，买的没有卖的精。

但是，顾客有时候也不靠谱，照样满嘴跑火车，照样说瞎话，作为店员，也要有一定的识别与应对能力。

首先，对说的瞎话进行类别划分：

(1) 提前编好的，甚至还反复背诵修改过。这一般是专业级的骗子才会干。

(2) 一般的顾客所说的瞎话，大多都是现场临时编的。

那么，为什么要说瞎话呢？常见的原因有下面这些。

1. 为了获取店员的重视

为了拿到更好的优惠，虚构自己的采购量或是延伸价值，诸如：

(1) 实际只是买一个，却说要买很多。

(2) 没钱人非要装成有钱人。

(3) 强调会介绍一大波亲戚朋友来买。

(4) 明明是第一次来，非要说自己是老顾客。

2. 怕被宰

顾客吃不准店家的刀有多快，为了安全起见，隐藏真实的购买目标和采购能力，诸如：

（1）今天就能确定购买的，故意说先随便看看。

（2）不懂行的说懂行，怕被蒙。

（3）明明是有钱人，却说自己穷。

3. 诈出底线

作为顾客，对价格底线和优惠政策心里也没谱，估计店家也不肯说实话，那就干脆诈一下。于是声称在某某店看到有什么优惠条件和超低惊爆价，其他品牌能给出什么样的优惠政策云云，看能不能诈点什么东西出来。再说了，向店家多要些赠品也好，多要些折扣也好，对于顾客来说，反正也不需要成本，为什么不尝试一下呢。

4. 抬自己

自己抬自己，各种炫耀，诸如自己以前用的某类产品都是什么牌子，家里是住某某高档小区，开名牌车，刚从国外度假回来，在国外看过或用过某类牌子，强调自己是有钱人、是见过世面的、是有来头的，品位要求很高等。

当然了，有些顾客喜欢抬自己，并不是刻意针对店员，而是习惯了，就是到菜市场买五角钱的小葱，也得吹上一番。

5. 逗店员玩的

有些顾客喜欢戏弄别人，虽然一切尽在掌控中，但故意装出一副弱势的样子，或是装傻，诸如：

（1）有钱的非要哭穷，说买不起贵的，买个最便宜的就行。

（2）其实是非常懂行的，却故意问些行外话。

（3）明明是认识店老板的，却绝口不提。

6. 报复

有时候店员无意中把顾客给得罪了，顾客心里极其不爽，但毕竟在店里，也不好直接骂人，于是便骂产品，说这产品这里不好那里不好，其实就是指桑骂槐，借机发泄对店员的不满。

顾客说瞎话，这是普遍存在的，不管顾客因为什么原因说瞎话，作为店员，总得有些基本的应对策略：

1. 顾客说的话，别全信

顾客说什么，先听着，但别全信，更别抬杠，若是全信，这生意就别做了。

2. 看破不说破，打人不打脸

不但嘴上别说破，表情也要控制一下，别露出一副冷笑来。

3. 别追问，别较真

顾客说自己住某个高档小区，别追问；顾客说自己是老顾客，别当场查顾客档案。说瞎话就是说瞎话，实际的素材有限，若是追问，很容易露馅，这就等于撕顾客的脸了。其实，顾客说瞎话，往往只是想引起店员的重视而已。

4. 不能直接否定

对顾客所说的一些市场信息，例如某某店有超低价等，千万别直接否定，例如“您说的这个价格是绝对不可能的”。从店员的角度来看，肯定是没有这个价格的，但顾客一听，感觉却是另外一个意思：我说有这个价格，店员说绝对没有，言下之意，不是在指责我说假话吗？

5. 竞品信息主动展示

为了避免顾客夸大竞品信息，可将各主要竞争对手的技术数据和价格优惠政策等情况提前主动说出。提前封堵，让顾客不敢班门弄斧。

6. 主动铺垫台阶

顾客自己把话说大了之后，往往也会出现下不了台的情况，这时，店员就得主动给顾客安排台阶下，诸如：

(1) 您说的那个产品的型号不一样吧？

(2) 您可真会开玩笑。

(3) 您提到的这个价格是包括配件和售后服务吗？

九、顾客强调低价是一种防御心理

价格，是顾客为难店员最简单的武器。

有以下三种常见的表现形式：

(1) 不肯说出采购预算，怎么问都不说。

(2) 强调自己就这么多预算，超出了买不起。

(3) 只要价格便宜的产品，贵一点的坚决不要。

表面上看起来，这样的顾客没太大的价值，有骨头没肉，不做吧可惜，做吧没啥油水，唉，生意难做啊！

问题的背后都有个为什么。

顾客为什么不肯说出预算？为什么强调只买便宜的？顾客说的话都是真的吗？真实的原因是什么？

其实很简单，顾客没有安全感，对店员存在防御心理，为了保护自己，争取主动，或者说避免被宰被忽悠，所以不说明真实的采购预算，怕说出来之后给对方留出了价格虚高的空间，或是故意降低采购等级，主动限定店员的发挥空间，我就这么点钱，别忽悠我买贵的。

那么，顾客为什么会有这样的感觉？为什么没有安全感？为什么会觉得店员在忽悠自己呢？根源往往是顾客在刚进店的时候，对门店现场的观察，以及与店员接触沟通后得出了这几个结论：

（1）这家店不正规、管理混乱，是私人开的小店，实力差、后期保障性不高。

（2）店员不靠谱、油腔滑调、太精明，一直试图卖高端产品。

毕竟，从顾客的角度来说，还是更愿意相信自己的直觉。直觉来自对现场的观察，以及人际沟通之后的直接感受，即便真实的情况不是这样糟糕，也许这家店或是这个店员还真的很靠谱。但是，对不起，顾客没有这么多时间来进行深入的了解，毕竟在店停留的时间很短，只是简单说上几句话而已。

也就是说，店面的现场环境，以及与店员的初始沟通，直接促使顾客形成对门店的整体感觉判断。那么，门店现场环境和店员的初始沟通，具体又有哪些方面容易出现问题呢？

1. 门店的现场环境

（1）照明亮度不够，有些店老板为了省钱，能不开灯就不开灯，光线亮度差，会让进店顾客很自然地提升警惕度，产生不安全感。

（2）店内整体环境脏乱差、保洁水平不到位、落灰蜘蛛网明显、私人物品随意摆放，直观感觉就是一个私人老板开的小店，连基本的保洁工作都做得不到位，既看不到规范，也看不到专业。

（3）价格标签随意化，产品摆放凌乱，或是外包装有破损。

（4）店内通风不佳，感觉憋闷或是有异味。

（5）店内设备过于陈旧和低档，与产品的高价之间形成矛盾，难免产生价格水分高的嫌疑。

（6）对比顾客刚才进过的其他门店，感觉这家店整体上要差很多。

2. 店员的初始沟通

店员的初始沟通容易存在以下问题：

（1）过于甜腻的进店欢迎接待，难免让人怀疑其中有诈。

（2）说话语速太快，有明显的急于推销感。

（3）说话时眼珠子转得太快，显得很精明。

（4）在前期对顾客的使用背景、特定需求等方面的问题较少，而过快地直接问预算。

（5）顾客在看货时，店内有两个店员，他们一边看着顾客，一边在说悄悄话，其实，无论说的话是否与顾客有关系，顾客都会觉得这是在说他。

一般来说，在顾客进店的20秒之内，是顾客对门店及店员的直接感受阶段，若是顾客对此定位较差，其安全防御感马上就会产生，不说出预算或是强调低价也就是很自然的事了。

所以，在顾客进店的初始阶段，先要解决顾客对门店初始印象的形成问题。主要通过两个方面：店面的现场环境、店员的仪表及初始沟通方式。先让顾客在进店时看到并形成一些正面的感觉印象，初步形成一定的信任感，接下来，顾客才能说实话，或者考虑提高采购预算。

十、顾客进店怕什么

销售工作其实就是一门心理学，研究消费者的所思所想、喜怒哀乐，甚至研究消费者在什么时候最脆弱、什么时候会失控，即什么时候能被店员所引导。

顾客能进店，说明多少还是有购买的打算，或者具备了被引导购买的前提条件。但是，顾客到最后又没买，也许是店员没有打动顾客，也许是顾客在担心什么。

接下来，我们说说顾客有可能担心的事。

1. 担心买贵了

表面上看起来，这是顾客最容易担心的地方，怕被宰。其实，在当前市场环境下，信息高度透明化，随时拿出手机上淘宝或是百度一下，价格信息一目了然，相信顾客这点智商还是有的。再说了，真要是对价格非常敏感的顾客，估计就直接在网上买了，最多只是到店里看看货。换句话说，现在顾客进店，大多数已经提前做过功课了，对价格区间心里也有谱。一般来说，实体店比网店稍微高一点能接受，高多了可就不行了。

2. 担心买错了

没事，现在门店的退换货政策越来越宽松，甚至还推出了无理由退换，这个不用担心。

3. 担心买到假冒伪劣商品

以前也许有这样的担心，可现在不同了，现在顾客在店里买到假冒伪劣商品就发财了，按照《中华人民共和国消费者权益保护法》，一赔十啊。就连汽车这样的大件商品，也有一赔三的索赔额度。现在顾客维权意识越来越强，不但不用担心买到假冒伪劣商品，没准心里还希望买到呢。

以上三个都不是？那么，现在的顾客，进店买东西最怕什么呢？

怕没面子。什么是没面子？就是被老板看不起。

为什么？

多数人最看重的就是面子，面子比钱重要、比健康重要、比法律重要，甚至比生命重要。在每年自杀的群体中，有相当一部分人是因为面子问题而自杀的。找份好工作、买好车、买奢侈品、发微信、红白事大操大办、结识名人等，这一切的背后，都是面子在推动着。

看重面子，其实是没有自信的表现。为什么没自信？很简单，穷怕了，往上数三代，大家都是农民，收入和地位都不咋地，即便今天的许多富豪，在若干年前，也是过的穷日子。在过穷日子的时候，买东西最怕店家看不起，最听不得“这么贵的东西你买不起”“这不是你来的地方”“穷光蛋”之类的话。并且，穷日子的经历以及受过的相关奚落刺激，会造成一定的心理创伤，这种心理创伤即常说的自卑感，是很难消除的，甚至会伴随终生。

现在即便是过上了富裕的生活，甚至是当上大老板了，心里的阴影也一直还在，在进店购物的时候，内心深处还是会习惯性地有些自卑感，担心店员看不起自己。所以，对店员表情、语言，乃至动作都非常敏感，稍有不妥，就会认为店员看不起自己，逛街购物的好心情瞬间就会消失得无影无踪，便会怏怏地离店而去。所以，店员首先要做的就是不得罪顾客。得罪顾客，就会让顾客感觉没面子，顾客的心情马上就会变差，哪还顾得上光顾你的生意。

十一、顾客为什么骂产品

在店员与顾客的沟通中，有种情况会让店员非常不爽，就是顾客一个劲地说你的产品不好，诸如价格贵、性能不好、功能太少、质量不稳定、售后很麻烦等。有的甚至还会举出第三者人证出来，诸如：某某医生说，你们的化妆品有问题，有毁容的风险；某某维修工说，你们的空调不行，返修率很高；某某专家教授说，你们的产品原料等级很次，品质很不稳定；等等。

说你的产品不好也就算了，有些顾客还把其他品牌（竞品）拿出来对比，主动帮竞品做正面宣传，说人家××牌子质量如何如何，比你的产品领先多少之类。总而言之，就是人家的产品各种好，你的产品哪都不好。

在店员看来，不买也就算了，为什么要说我店里的产品不好呢？于是就会很生气。其实，顾客不会无缘无故地攻击你的产品，肯定是有原因的。接下来，可从如下四个角度分析一下这个产品被攻击的原因。

1. 现学现卖，从竞品的导购那里学来的攻击素材

真正具备专业水准的顾客很少，顾客嘴巴说出来的一套套攻击内容，貌似都有道理，内容也不少，但很多都是现学现卖。哪里学的？那还用说，竞品的导购刚刚给顾客洗了脑，顾客趁着这个热乎劲，换家店就把它说出来了。

2. 顾客到每一家门店都会攻击产品

放心，顾客在你的店里说你的产品不好，说其他品牌的产品好，等到了其他品牌的门店，又会说其他品牌的产品不好，而你的产品又会被顾客夸得非常完美。顾客只是借助竞品的优势，敲打敲打店员罢了。

3. 嫌货的才是买货的

顾客愿意花费自己宝贵的时间和口水，在店员面前说产品的各种不好，并不是完全闲着没事，而是先压压店员，表现出他的选择权，打击一下店员的优越感，故意吊店员的胃口，为接下来的压价或是争取更大优惠进行铺垫。

4. 店员在前期让顾客不爽了

这是最要命的一个原因，顾客之所以骂产品，是因为店员让顾客不爽了，诸如：

（1）直接否定顾客的采购计划。

（2）直接指出顾客是个外行。

（3）顾客进店的时候，没有及时地招呼和接待，顾客感觉受到了冷落。

（4）店员的表情、肢体语言让顾客感觉不舒服。

（5）店员介绍自己的产品时，说话的声音太大，导致顾客反感。

（6）店员可能无意中攻击了顾客。

总而言之，店员在前期接待顾客时，让顾客不高兴了。

店员在前期无意中得罪了顾客，顾客心里不高兴，虽然不会直接针对店员进行攻击，但会攻击产品。所以，店员在听到顾客开始说产品各种不好时，千万别与顾客抬杠，而是要迅速回忆一下，想想刚才的接待和服务流程有哪里不妥，并马上脱离产品层面的介绍沟通，迅速转移到对顾客的需求了解，同步增加服务类措施，如倒水、请坐、递纸巾等，转移顾客的注意力，消解一下顾客心头的不爽，待顾客情绪平缓之后，再沟通产品信息。

十二、回头客为什么照顾生意

开店做生意，当然是回头客越多越好，当回头客的比例达到一定程度后，店里的生意才能真正稳定下来。

当然了，人的任何行为，其背后都是有一定的理由在支撑的。顾客不买是有原因的，一次次回头买也是有原因的，若是把这里面的原因和规律都提炼出来，将为今后开发更多的回头客指引方向。

那么，顾客为什么会一次次回头买呢？有些老板是这么认为的：

1. 货品保障

确保商品品质，不卖假货，顾客能放心买。

2. 价格优惠

对老顾客的价格肯定优惠，不会高于其他门店，甚至与网店差不多。

3. 服务态度好

笑脸相迎，尤其对老顾客热情有加。

4. 有足够的利益关系

有些老顾客是企业团购的采购经办者，店老板心里有数，肯定有对应的利益关联，不能让人家吃亏的。

有些店老板认为，具备以上这几点就足够了。其实，上述几点只是基本因素，是开店都应该具备的，属于标配的性质，而且，以上这几点你店里能做到，别人的店也可以做到。

那么，老顾客为什么回头？

很简单，老顾客之所以回头，是因为把店老板或是某个店员当作朋友看，而不是将其当成卖货的。

什么是朋友？双方要成为朋友，得具备这些因素：

1. 信任

互相之间有信任，比如说顾客到店里买东西付钱时，店老板不会当面进行验钞，顾客也不会当面查验商品的真伪，甚至，顾客没带钱，店老板也会让顾客先把货带走，以后再给钱。这种信任感给顾客带来的愉悦感，可不是在价格上打个折就能带来的。

2. 面子

多数人把面子看得很重，老顾客每次进店，店里的老板或是店员都能给足面子，并且，相对普通顾客而言，在接待细节上肯定讲究很多，让老顾客每次进店时都能感觉到自己高人一等。

3. 人情

双方的往来中有人情味，能很好地照顾到对方的情绪。老顾客有时候还会专门到店里来坐一坐，聊聊天，有些较为隐秘的话也能说，甚至，在老顾客家里有红白事的时候，店老板还能送人情红包过去。

4. 能满足对方的虚荣心

人人都有虚荣心，虚荣心的表现形式就是炫耀、显摆，尤其是有点什么得意的事情时，不炫耀出来就感觉受不了。不过，这种炫耀得分对象场合，总不能到处炫耀吧，尤其是有点身份的，或是怕被别人伤害的，只能找一些特定的地方来炫耀一下。不管买不买东西，到店里来逛一下，在店老板面前炫耀一下，店老板如果聪明的话，赶紧捧几句，老顾客的虚荣心得到了极大的满足，当然开心了，当然下次还会来了。

总而言之，在具备了以上几点的时候，顾客与店家的关系已经不是普通的买卖关系了，而是朋友关系了。商店到处都是，网店更多，顾客对商品的选择面越来越大，换句话说，顾客根本就不缺商品，但朋友不是到处都是，不是每个结识的人都能成为朋友的。所以，随处都能买到的商品，顾客不会特别珍惜，但是聊得来的朋友，却是要关注的。所以，顾客肯定是会来照顾生意的，哪怕稍微贵一点，哪怕路远一点。

十三、高端顾客的隐私保护

越是有钱人，越重视个人隐私。

在保护顾客个人隐私这个问题上，若是处理不当，会导致顾客产生不安全感，直接影响生意达成。

不过，有些店员却没把这当回事，常干的傻事有：

（1）直接追问顾客所住小区的名称，乃至详细地址。

（2）直接索要顾客的手机号或是微信号。

（3）提出要复印顾客的身份证。

（4）对顾客进行拍照。

（5）将写有顾客信息的售后服务工单直接张贴在公开的告示板上，或是压在桌面的玻璃台面里。

（6）将记录有顾客详细信息及采购商品名称的顾客资料本随意摆放在台面上。

更傻的是，为了证明销售业绩或是某款产品的畅销，店员将其他顾客的资料本主动翻阅给当前顾客看，在店员看来，这些都是真实的销售记录，我可没骗你哦。这是完全没考虑到顾客的感受，站在顾客的角度来说，则是另外的看法：

（1）店员今天能把其他人的详细资料给我看，若是我买了，相关资料也留在店里了，店员明天就同样会把我的资料拿给别人看。这店里每天会来些什么人可说不准，万一有心怀鬼胎者，看到我的详细地址、名字、电话、所购产品的型号档次，推测出我的家庭财富水平，心生歹念怎么办？罢了，还是别买了，连信息都不能留，安全第一。

（2）在店里留下我的联系信息，若是这家店今后没完没了地找我推销产品，会很烦的。

（3）店里会不会把我的信息转卖给其他商家？

（4）店里的员工安全吗？要是离职之后带走这些顾客资料，用于非法行为怎么办？

店员索要或是保留顾客的信息，也许只是为了生意上的方便。但是，这得主动考虑到对顾客的隐私保护，避免触及顾客在这方面的忌讳点，尤其是高端顾客。具体来说，涉及顾客隐私的就要有所注意，诸如下面这些。

（1）已有的顾客档案要严格保密，切忌公开摆放，更不能给其他顾客翻阅，查阅权限也只限于店长。

（2）记录顾客资料时，切忌在一张纸上记录一堆顾客资料，而是要一单一客，这不过是多一张纸而已；确保在填写顾客资料时，不涉及其他顾客的信息，也让当前顾客看着舒服一点。

（3）对顾客的住所和所在单位不直接询问，或是不进行主观猜测，若是顾客不肯说，这现场气氛就尴尬了。

（4）不对顾客拍照。

（5）出于安全起见，当顾客有同行者时（例如顾客的另一半），不提及顾客前期与其他人（顾客的异性朋友之类的）来店的选购情况。

（6）实在要复印顾客的身份证的，请顾客在身份证复印件上注明“仅用于某某用途”。

（7）涉及顾客电话或微信的，不能直接要，可说是为了方便联系，或是及时告知顾客产品到货及价格变化信息，请顾客留一个方便的联系方式（只说是联系方式，不直接说非要手机号或是微信号）。

（8）若是顾客愿意留手机号或是微信号，店员也得主动注意几点：

①问清楚什么时间段联系顾客比较方便。

②主动说明联系顾客的权限，只能是店长或是店老板，其他人都不能联系顾客，避免干扰到顾客。

③联系顾客的事由是限定的，只限于产品到货通知、价格变化通知，或是售后服务等，不涉及其他产品的延伸销售。

（9）店里不要出现任何带保险公司字样的东西，诸如台历、挂历、烟灰缸、笔记本、笔等，防止顾客看到相关的保险信息后，以为店里有人在做保险，后期也许会找顾客推销保险。

第三章

卖高端产品的重点（二）
——接待与沟通的升级

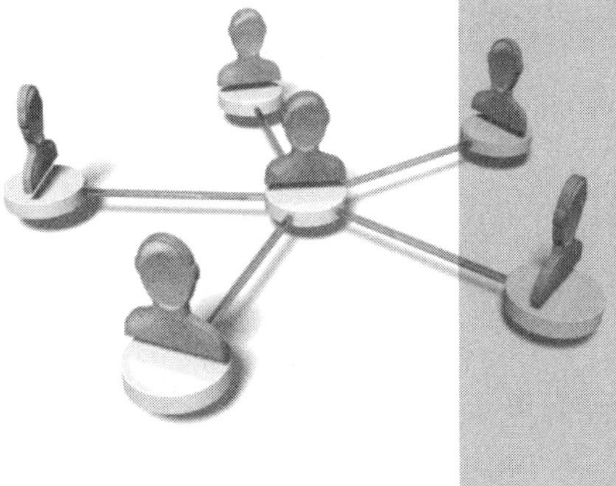

一、终端店销售推进的基本次序

从顾客进店，到最终生意成交，自然会涉及不少工作。各项工作的执行标准和前后排序，最好能有一条清晰的推进轴线，即让店员的接待工作有一个基本的章法，不然的话，很容易出现：

（1）顾客进店之后，店员直接开始推销（主打产品或是今天的促销活动），推进速度过快，顾客对门店及店员的陌生感还没消除，正面的认知感还没有建立。

（2）主导权被顾客所控制，店员只有不断地被动应答解释。

（3）店员的接待工作随意化。

（4）接待中途出现遗忘或是冷场。

（5）设定好的销售策略难以导入。

当然，出于行业的差异性，很难有一个适合所有行业的销售推进流程，但这其中，有些销售推进逻辑还是可以共享的。

1．顾客刚进店

顾客进店之后，有两件工作需要完成。

（1）对顾客进行迅速观察与识别。主要是获取三个信息点：

①顾客进店时的心情。

②顾客大致的消费能力。

③是否存在明显的被服务需求，例如眼镜脏了、流汗、带大件行李等。

(2) 问候（“欢迎光临”或是“早上好”）。对进店顾客表达基本的欢迎。

2. 基本的接待措施

基于顾客所存在的被服务需求，提供针对性的基本服务，诸如针对眼镜脏了的顾客提供擦镜纸、针对一脑门子汗的顾客提供纸巾、为带大件行李的顾客安排地方放行李等。基本接待措施的目的是消除顾客的陌生感，拉近与顾客之间的距离，推进顾客对门店的融入感。

3. 询问基本的采购导向

这个简单，例如是自己用、为单位采购，还是送给别人。

4. 当前或以前的使用习惯

也就是顾客现在或以前使用同类产品的情况，从顾客熟悉的话题开始，更容易打开顾客的话匣子，店员也可从中了解顾客的相关需求所在，尤其是顾客对当前正在使用的产品所存在的抱怨和痛点。

5. 采购背景和需求点

随机冲动性的采购是很少的，绝大多数采购背后都有个采购背景，即为什么买。从采购背景这个话题，很容易具体到相关需求点上，或是对以前同类产品的痛点表述上。

6. 基于顾客需求的产品介绍

在采购背景、具体需求、类似产品使用痛点等情况的基础上，再进行针对性的产品介绍和试用。

7. 价值与价格

需求决定价值，当顾客认可产品与自身需求之间的对应关系后，才会认可产品的价值，建立价值之后，再来沟通价格就相对轻松一点了。

八、疑虑

顾客基本上认可产品了，但还是会产生一些疑虑，例如：

（1）价格能不能再优惠一点？

（2）要不要再去别家店看看，对比一下其他产品？

（3）产品品质如何保证？

（4）有什么售后服务？

这些疑虑最好别等顾客提出来，店员要主动提出来，主动介绍情况，想在顾客的前面，并且想得更为全面，以此来打消顾客的疑虑。

九、成交

通过对顾客微表情及肢体动作的观察，推测顾客是否已经基本确定购买，适时固定成交条件，或是释放优惠成交条件，推动成交。

十、送客

无论顾客当天是否购买商品，都要礼送顾客出门，若是预算许可或是评估顾客价值较高，可实施离店不空手，也就是别让顾客空着手离店。从门店名片到产品资料，再到产品赠品或是门店定制的小礼品，都可以给顾客捎上。目的是让顾客记住这家店，同时建立正面印象，争取让其下次再来。

二、店外客流与广告性质

站在店老板的角度，恨不得马路上路过的行人都能进店购物。为了吸引顾客进店，店门口的宣传手段接连不断，诸如大店招、LED 字幕、POP 海报、花车特卖、X 展架恨不得摆满人行道；音响震天响、促销小妹站在店门口，恨不得把顾客直接往店里拉。

但是，站在顾客的角度，从知道这家店到进店购物，也许有一个漫长的过程。先是路过时注意到有这家店，有需求时再进店看看。当然，也许路过时根本就没看到这家店，或是看到之后随即就忘了。

从运营的角度来看，顾客在产生明确需求或是进店之前，先要对门店有个基本的印象，若是有正面的好印象那就最好了，这样就大大增加了当前或是后期进店的可能性，这类顾客就是门店的未来顾客。储备的未来顾客越多，再加上当前顾客的回头购买，门店的生意也就有了发展的保证。这个道理店老板也是懂的，之所以在店门口布设这么多宣传措施，也就是给路过的行人留个印象，今天不来明天来嘛。

道理是简单的，执行起来就要细致一些了。具体要在店门口做哪些宣传广告呢？并不是多多益善，而是要根据店门口的客流性质来决定，不同的客流性质，广告传播的内容是有区别的。

我们可以把店门口的客流划分为两种性质：一种是固定重复客流，即顾客家在附近，或是上班上学的单位在附近，经常去的购物娱乐场所在附近。这样的话，顾客就会在一个较长的时间段内，重复经过店门口。还有一种属于一次性过路客流，指的是临时性的路过，下次来的可能性很小，例如车站码头、偶尔到附近某个单位办件事，后期再来的可能性和频率都很低。

这两类顾客虽然都存在当前或是未来的采购需求，但作为店家，所要抓的着眼点就不一样了。

对于固定重复客流，可以从长计议，培养顾客对门店的记忆点和正面印象，在店门口的广告传播上重点释放以下信息：

（1）本店的经营历史。

（2）产品知识普及。

（3）门店的专业度。

（4）对产品的售后服务。

（5）配件供应或是产品升级信息。

重点是给顾客以下印象：

（1）这里有家什么店，是卖什么的。

（2）这家店看起来经营了不少年，挺稳定的。

（3）这家店一直是处于活跃状态的，不断地推陈出新。

（4）这家店的专业度不错，是行家。

一旦建立了这几点，就等于形成了正面的记忆点，在今后顾客产生需求时，直接产生对门店的思考关联，促进其进店选购，或是推荐给身边有需要的人。不要要求顾客进店后非得购买，留下记忆点就行了。

若是一次性过路客流，今天路过店门口，下次恐怕得是十年后了，甚至是这辈子都不会再来了，面对这样的顾客，就得抓住当前的销售机会，引发顾客的需求，设法吸引顾客进店。那么，在店门口就要释放如下广告信息了：

（1）强调今天的特价和赠品（仅此一天，过时不候）。

（2）新产品的推广活动。

（3）提醒顾客因为换季或是某类安全事故，可以考虑购置或是升级某类产品。

(4) 通过某类新奇特产品或是价格标尺透明的特价产品（5 角钱的名牌电池、1 元钱的可乐、10 元钱的名牌洗发水），直接吸引顾客进店。

当然，以上这两种客流是并存的，只是比重大小的区别。作为店老板，想搞清楚自己店门口的客流类型比重应该不难，若是想做长久生意，就得根据客流比重的情况，有区别地采取广告宣传主题。

三、影响顾客进店的障碍因素

开店先看什么？

地段！地段！！地段！！！

地段是什么？地段就是客流！

从理论上来说，每个从店门口路过的人，都有可能成为进店的顾客；每个进店的顾客，都存在成交的可能；每个成交的顾客，都有回头的可能。所以，老板们之所以花大价钱，在客流高的地段租赁门面，就是看中了店门口的客流量。

店老板当然希望路人都进店。可是，店门口却有些因素一直在阻碍路人进店。对于这些障碍因素，店老板也许没在意，也许没当回事。当然了，还有可能压根不知道这些障碍因素的存在。那么，究竟有哪些因素会阻碍路人进店呢？

1. 地面有积水

店门口的地面上有一滩积水，甚至还是污水，正常的人路过都会绕过去，并且还会加快走路的速度。这个时候，顾客的注意点都放在如何绕过这滩积水上，压根就不会留意这是家什么店。

2. 上空有滴水

也许是楼上的空调滴水，也许是下水管道滴水，无论这水多干净，路人都不想有水滴在自己身上，于是照样会绕开并加快步伐。

3. 空调的室外机吹风

空调的室外机，冬天吹冷风，夏天吹热风，吹到谁身上都不好受。有些门店在安装空调时，没考虑到这个细节，空调的室外机直接对着路面吹。路人被吹后，一是会加速走开，不会再停留或是进店了；二是会认为这家店没公德心，老板品德差。

4. 清洁用品放在门口

都知道顾客在场的时候店里不能打扫卫生，因为这等于在赶顾客走。其实，把店里的各类清洁用品，例如扫帚和拖把之类堆放在门口，照样有驱赶路人的意思。毕竟，清洁用品是店里最脏的东西。同样，垃圾桶也不能放在门口。

5. 店内灯光暗淡

店里的灯光若是很暗淡，或是干脆不开灯（也许有的店老板认为白天的光照就足够了），路人经过时，主观感觉会认为这家店没生气、没活力，生意萧条，也许要关门了……结果，店老板是省了点电费钱，却赶走了一个又一个顾客。店里的灯光，应该是温暖而明亮的，是表现店里的活力所在的。

6. 店内有异味飘出

店内有可能会滋生一些异味，如霉味、装修材料的味道、食物腐败的味道……当店里有明显的异味飘出店外时，路人闻到之后，会想到什么？感觉会好吗？还会进来一探来源吗？

店内的异味有个特点，就是店里的老板和员工自己闻不出来，所以得定期请外人到店里来，确认下是否有异味。

7. 店门口放椅子

无论是店里的椅子，还是街道设置的椅子，都不要放在店门口。原因很简单，你永远不知道什么样的人会坐在上面：是赤脚大仙、抠脚丫子的，还是捉虱子的。

8. 店门口放乐器

路人看到店门口放着乐器的时候，会想到什么呢？吹拉弹唱？这店里是要办大事吗？红事还是白事？总之是店里有事，还是别进去了。

9. 店门口的植物

店门口摆点植物本来无可厚非，但是要确保植物的茁壮成长，切忌出现残败，不然的话，路人心里会怎么想？这家店没有人气啊，养个植物都能养死……

10. 手写告知

如果店老板的书法水平不是很高的话，就别用螃蟹字体写告示贴在门口了，书法水平直接折射出老板的水平，老板的水平又直接体现出门店的档次……

11. 店门口墙壁上的小广告

诸如代办证件、迷幻药、猎枪、代客杀人之类的小广告，要及时清理掉。对这些喷涂、张贴在店门口的小广告，若是店老板熟视无睹的话，说明这个老板对门店的经营并不用心，做事不认真，这家店的可信度也就没有保证了。

12. 破旧的地垫

街道上的路面也许没那么干净，有必要在店门口铺块地垫，覆盖店门口的路面，也能让路人进店时，顺便蹭蹭鞋底，减少对店内地面的污染，所以，铺块地垫很有必要。但是，千万别一块地垫连续铺几年，地垫磨损严重、遍布污渍，甚至比路面还要脏，这就起反作用了。地垫不贵，几十元而已，最好的3M地垫也就一百多元，为了确保铺设效果，最好每半年更换一次。

将以上这些因素清理出来，逐一解决处理，减少路人进店的障碍因素。开店做生意，得先让路人进店，要是路人连门都不进，那还做哪门子生意。

四、高端顾客的接待原则

针对高端顾客，不能开门见山地急于卖产品，应先做好接待工作。在设计具体的接待流程之前，先确定接待工作的基本原则。

1. 要区别对待

要将高端顾客和普通顾客分开，对两者的接待流程、话术、服务方式，乃至用的接待用品、赠品都要不一样，不能简单套用原有的接待方式。

2. 识别

得有些起码的眼力见儿，高端顾客一进店就能看得出来。当然了，有钱人不会在脑门刻上银行存款余额，只能通过外表气质或是穿着打扮来识别。作为店员，若是不会看人，最起码也要学会认得那些奢侈品商标。

3. 高看一眼

在主观上对高端顾客要高看一眼，即便顾客没有那么高端，也要高看一眼。把普通顾客当高端顾客对待没问题，若是不小心把高端顾客当成普通顾客对待就麻烦了。

4. 简单的定位

就是把高端顾客当成什么人看。很久以前，西方营销学传过来一句话，“把顾客当上帝”，人家那边是上帝，咱们这边就是皇上呗。那么简单点，就是把顾客当皇帝来看待。不仅店员要把顾客当皇上看，顾客自己也把自己当皇上看。那么，皇上有什么特点呢？

（1）要面子。

（2）不认错，也没有错。

（3）至高无上，不能被其他人比下去。

（4）不服人，谁都不服。

或者稍微降点级，当贵族来看待呗。反正不是普通老百姓，所以常规的那些认筹、赠品、抽奖、会员积分、特价等优惠促销活动，不要轻易拿出来。也许人家贵族认为这些东西都很掉价。

5. 按需接待

在基本的欢迎之后，不一定要安排标准流程来接待，而是应结合顾客的心情和基本反映，由顾客选择是自己四处看看，还是由店员进行有针对性的介绍。当然，在顾客自己看看的过程中，店员要保持观察，做好随时上前介绍和服务的准备。

6. 服务标尺要高

选择余地越大的顾客，必然就会越挑剔，挑品牌、挑产品，更挑服务。高端顾客出入过各种高端消费场所，接受过各类高端服务，具备一定的评价标尺，所以，针对高端顾客的服务，起步水准就要高。不但要服务好顾客，连顾客的随行者、顾客的孩子，甚至顾客带来的小猫小狗都要照顾好。

至少，本店的服务水准不能低于当地同类门店的水平。从竞争的角度来说，其他门店里没有的服务，本店具备，那才是服务。

7. 针对性介绍

针对高端顾客时，切忌把店里高中低档商品都介绍一遍，而是要聚焦在高端商品类别，并主动说明，普通款式我就不给您介绍了，估计也不入您的眼。

8. 不要比人

有些店员喜欢介绍其他顾客的采购情况，诸如昨天有个什么什么顾客，一口气买了多少多少之类，试图以此来强调这个产品的畅销程度，促进当前顾客的购买。不过，这种促进方式对高端顾客不太适合，高端顾客都是把自己当皇上看的，你不能说昨儿也来了一个皇上，比他还有钱……

9. 决定权在顾客手里

最终的决定权在顾客手里，店员不要过多地强调自己的主观意见，例如：

（1）我要是您啊，就买这个。

（2）我觉得这个产品不错。

（3）我自己家里也是用这个。

店员的工作主要是两个方面，即做好服务工作和介绍产品情况，不要替代顾客做决定。当然，把顾客服务好了，顾客认可你的话，也会授权店员帮自己选择。

五、专卖店的顾客接待区

在专卖店的店内区域设计中，往往会留出一块地方放置桌椅，主要用于以下场景：

（1）当店里的店员需要与顾客进行一些深入沟通时，不能让顾客站着，有个地方请顾客坐下来慢慢说。

（2）用于非顾客型的接待，例如厂家来人或是政府职能部门来人，或是老板的亲戚来了，隔壁店老板来坐一下，快递员填个单子，等等。

（3）方便顾客能坐下来休息等待，或是填写表格单据。

（4）让陪同顾客来买东西，但又不想参与选购过程的陪同者，有个地方坐。

（5）当作店里员工的餐桌，大家有个地方坐下来吃饭。

这个接待区设置看起来挺简单的，也就一张桌子、几把椅子而已，但细加分析，还是有些文章可做的。

明确设置目的：

（1）留客。延长顾客的留店时间。

（2）放松。顾客坐下来的时候会比较放松。

（3）沟通。双方坐下来，更加方便沟通，减少站立时的距离感。

需要注意的细节：

（1）使用时机。在接待顾客时，别一开始就请顾客坐下来说，而应注意把握时间，一般是在顾客愿意详细表达自己的需求，或是已经基本确定某类产品的购买意向，就价格及相关配套措施的问题需要进行详细沟通时，再请顾客到接待区坐下来说。

（2）接待区的位置尽量靠后一些，相对半封闭的空间，也不要靠近橱窗，以免顾客的注意力转移到橱窗外面的街道上。

（3）常规的桌椅设置大多数是这样的：

玻璃材质的桌子，简单的椅子，这样的购置成本虽然简单，但玻璃材质会让顾客感觉冰冷（冬天感觉更不好），且透明的玻璃桌面会让对面坐的穿短裙的女性顾客有走光之嫌，而简单的椅子则过于廉价、档次低。

当然，也别再使用沙发和低矮的茶几作为接待桌椅，由于坐姿的问题，这样会显得店员过于随意，或是因为沙发靠背角度后倾，店员和顾客之间出现距离感。

建议采用木质桌椅，如图例：

或者是这样的：

木头的质感和颜色，会让顾客舒缓放松，不会有紧张感，也不至于过于随意。

（4）桌子的尺寸。

无论是方形桌还是圆形桌，都要尽量压缩尺寸，也就是使桌面尽量小点。桌子小，坐下来之后，双方的距离就比较近，再放几样东西，桌面就满了（要让店方的东西和顾客放在桌上的东西挨在一起），显得热烈有活力；若是大桌子，双方隔得远，自然有距离感，也会显得桌子上面的东西少，有点冷清。

（5）桌椅的颜色。

桌椅最好同色，显示出是一整套的，尽量不要出现桌子和椅子之间有高对比度的颜色差别。

（6）桌椅的高度。

桌椅之间的高度需要经过计算，桌子的高度控制在 80 厘米左右，而椅子座位面的高度需要与人的身高匹配。椅子座位面太高，人的肘内关节会不舒服；椅子座位面太低，人坐下来之后会窝在椅子里，腰部不舒服。合理的高度是，当人站立时，椅子的座位面高度位于人体膝盖骨偏下方。

（7）椅子一定要带靠背的，且需要定期坐上去摇晃，确认不出现明显的松动感觉。过于松动的椅子会让顾客对这把椅子，乃至这家店没有安全感。

（8）在桌椅的地面上铺设一块地毯，保持软地面，顾客坐下来之后，本来就比较放松，若脚又踩在软地面上，则会更加放松。如图例：

（9）桌子下方放置铁丝网垃圾筒，保持干净，如图例：

（10）桌子上面尽量不要出现的东西：

①各类杂物。

②顾客信息表。

③成套的茶具。

④看过的报纸。

⑤若不能确保每天清洁，就别放装饰花盆。

⑥带有保险公司字样的台历、笔，或是便签本（防止顾客误以为店里有员工做保险推销）。

⑦俗气的假花。

可考虑放置的物品：

①企业定做的台历。

②一盒抽纸（大品牌的纸盒装抽纸，不要放塑包装抽纸，更不能放卷纸）。

③保持干净的烟灰缸。

④一本便笺纸，一支带底座线圈的笔。

（11）保持接待状态，店里的员工平时尽量不要使用接待桌椅，避免占用，或是趴在桌上玩手机嗑瓜子，或是弄乱弄脏，尤其是衣着举止随意的司机或安装工。应保持随时可以接待顾客的状况，免得顾客要使用时，再慌慌张张地收拾。

再有，若是门店面积较小，最好不要设置沙发，一是难以清洁，弄脏

了之后看起来有损形象；二是沙发过于随意，坐姿低，反而让顾客有无所适从的感觉。

（12）多个接待桌的设置。若店里面积较大，存在同时接待多个顾客的情况，可设置多套接待桌椅，但要注意拉开距离，防止互相之间的沟通受到影响。

六、店内的灯光

考量一个店老板的经营思想最简单的办法，就是看这个老板舍不舍得开灯，会不会开灯。

新店装修时，虽然安装了各种主灯、辅助灯、氛围灯、橱窗灯、展板背景灯、灯箱、店招射灯，但是，有多少老板舍得都打开？还有些灯具已经坏了许久，干脆也懒得换了，反正也不缺那一两盏灯的亮度。

为啥不开灯？

店老板觉得没必要，这大白天的，店里也亮堂堂的，开灯干啥？再说了，店里现在也没人，开灯给谁看？这不是浪费嘛，等有顾客进店再开也来得及。还有，这些灯要都打开的话，一个月下来，电费又得多上几百元，现在门店运营成本这么高，还不得想方设法节约点。所以，能不开灯就不开灯了。

开不开灯，店老板别只从自己的角度来考虑，无论是宏观还是微观，都要全面些来看：

（1）也许在店内觉得亮度还可以，没必要开灯，或是没必要打开更多的装饰灯，但是，在店外阳光强烈的情况下，店内光线若是较暗，就有黑洞洞的感觉。

这是并排的三家店，可直接对比一下站在路边看店内的实际视觉效果。

（2）每天从店门口路过的行人，都是未来的潜在顾客，他们每天在路过门店时，都会或多或少对门店留下一些印象，若是门店灯光暗淡，很容易给行人生意萧条、死气沉沉、私营小店等负面感觉，导致后期进店的可能性下降。

（3）即便是进店的顾客，在店内灯光暗淡的环境中也很容易出现警惕心理和防御心理，担心自己被宰，所以查看货物时特别谨慎，还价也狠，并且会大大缩短顾客在店停留的时间。

（4）总而言之，店内灯光暗淡，就等于天天堵客进店和赶客出店。

若是强化店内灯光亮度，确保超过店外的阳光亮度，也就是从技术角度来说，保持亮度在300勒克斯以上，首先会吸引店外行人的注意力，足够亮度的店内灯光也是在彰显一家门店的活力，使这家门店显得生机勃勃。对于进店顾客而言，足够的亮度可以让人产生安全感，延长留店时间。当然了，若是附近的竞品门店舍不得开灯，这对比效果就更明显了。

再有，在店内灯光的技术层面，还有几个小细节可参考：

（1）店内主灯光的颜色最好偏淡黄色，即传统白炽灯的灯色效果。

（2）在夏天的时候，增加冷色光源；在冬天的时候，则要关掉冷色光源，增加暖色光源。

（3）尽量使用低温的灯具，例如LED灯，避免灯具高温对产品或是墙壁（会烤黄墙面）的影响。

（4）若店内增加灯光较为困难，可采取加贴镜子，通过镜子反射灯光的办法来增加亮度。

（5）店里的主灯若是节能灯，在启动时亮度会较低，要在正式开门营业前启动。

（6）店内安装的主灯，造型要尽量简洁，便于清洁。复杂的吊灯虽然好看，但清洁的时候太麻烦。

（7）店内有些拐角区域是店外看不到的，一般顾客也很少去的，就没必要保持常亮灯，可安装感应灯，等人到时再亮灯。

（8）店内应常备替换灯具和开关，若遇损坏故障，及时修复，避免出现灯光缺损。

（9）除了固定位置的灯光外，还可以考虑在店内安装小型投射灯，通过内置的图案和文字，向顾客释放信息。

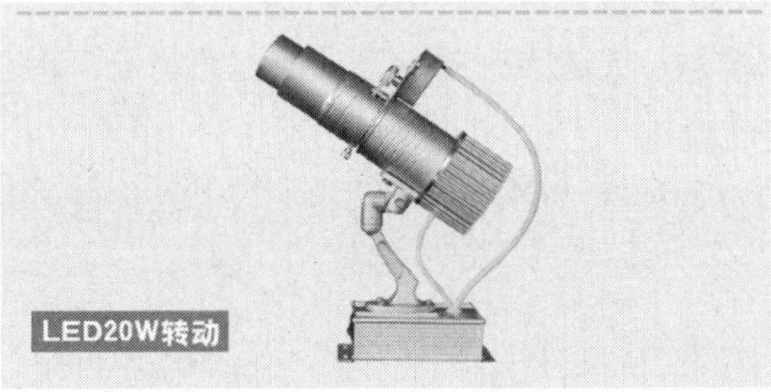

（10）在装修门店时，提前考虑在天花板安装灯具轨道槽，方便后期增补射灯。

（11）单一的灯色会让人冷静和理性思考，而多种颜色且保持变换状态的灯光背景，则会让顾客的思绪出现轻度的混乱。那么，作为店老板，你是希望进店顾客的思路清晰还是稍有些混乱呢？

七、店里的垃圾桶

再小的店，从生意运营的角度来讲，也是由上百个环节所组成的。所谓运营效能的提升，就是持续地优化每一个环节点。哪怕是一个垃圾桶，都是值得琢磨的。

这店里最不起眼的东西，大概就是垃圾桶了。其功能定义也简单，就是扔个垃圾嘛。不过，这虽然是简单的小事情，但有些细节还是要注意的。

1. 垃圾桶别放在店门口

有些老板喜欢把垃圾桶放在店门口，认为垃圾桶太脏，扔垃圾也是扔到店外，不要影响店里干净整洁的环境。但这只是从店家自己的角度出发，没有考虑到顾客的感受。客观地说，垃圾桶差不多是店里最脏的东西了，把最脏的东西扔在店门口，让路过的行人看了会怎么想呢？

（1）脏、恶心，再加上有些异味的话就更要命了，直接拉低对该店的印象。

（2）店里把这堆垃圾扔在店门口，说明什么？说明没有公德心。

（3）把脏东西摆在店门口，就是堵客进店。

2. 敞开式还是带盖子

选择垃圾桶时，尽量选择带盖子的，脚踩开启。毕竟，垃圾桶里的东西既不干净又不好看，没必要展现出来，带个盖子，多少可以遮挡一下。注意，那种自动感应开盖的垃圾桶就别买了，容易坏不说，当顾客路过时，自动开启，往往会吓人一跳。

3. 垃圾袋

为了便于清理，垃圾桶里要套个垃圾袋，有几个细节要注意：

（1）里面套2～3层垃圾袋，防止单层袋子漏水。

（2）垃圾袋的上部边缘要翻卷整齐，保持视觉上的整洁，有些垃圾桶带垃圾袋收纳环。

（3）套上垃圾袋之前，在垃圾桶内壁喷点酒精灭菌杀毒，便于将垃圾袋吸附在垃圾桶内壁上。

4. 垃圾桶的数量及摆放位置

（1）收银台内侧放一个，主要是供店员使用。

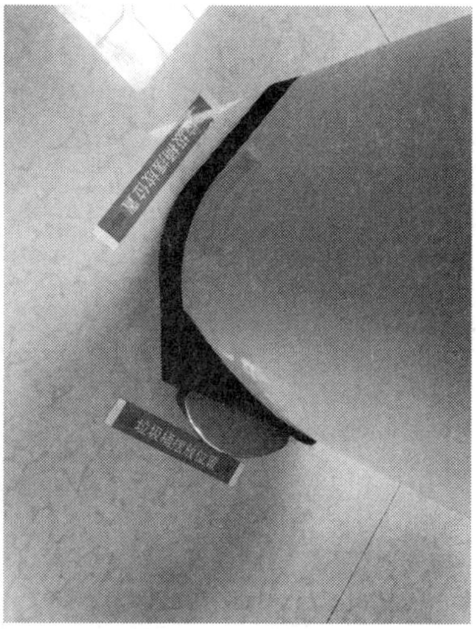

（2）店内的顾客休息/洽谈区放一个。

（3）店内立柱旁边放一个。

（4）墙角若是没有商品摆放的话，可以放一个。

（5）高档商品及荣誉墙附近不要摆放垃圾桶。

（6）摆放垃圾桶的地面要加贴说明标签，固定位置，这也间接地显示出本店管理规范。

5. 垃圾桶的尺寸

毕竟是商业环境，垃圾桶要适当大一些，容量要在 20 升以上。

6. 垃圾桶的材质和颜色

（1）颜色主要是考虑到与店内装修风格的搭配，但灰色和棕色是最基本的选择，若不能确保清洁频率的话，就别选白色和红色的。

（2）尽量选择结实的金属材质，那种廉价的塑料网篮式不要选，档次太低。另外，那种仿皮革的材质也不要选，若清洁不及时的话，很显脏，且俗气。

7. 检查维护

每天至少检查 4 次以上，一旦垃圾容量达到 80%，就要更换垃圾袋，若是有气味的垃圾（例如吃剩的午餐等），当时就要更换垃圾袋。不能出现垃圾溢出的情况。

8. 特定装饰功能的垃圾桶

出于现场环境布置的策略考虑，也可设定一个特殊垃圾桶：使用铁丝网材质，简约办公室风格的垃圾桶，不套垃圾袋，透视可见，里面放些特定的垃圾，例如星巴克的杯子、中华烟盒、进口饼干的包装盒、依云或是巴黎水的瓶子、碧欧泉的包装盒等，间接地暗示本店顾客的消费能力。

八、小店里的大公司痕迹

大多数顾客，对路边小店的初始印象并没有那么好。

感觉往往来自对现场的直观印象，毕竟是私人开的小店，装修简陋、管理粗放，甚至没有什么管理：店里店外，看不到什么规范化的痕迹，货品摆放随意，卫生状况也不佳，各类杂物及私人用品和货物混放在一起，天花板上有蜘蛛网，四周的射灯坏了一半，店里因为舍不得开灯而显得很幽暗，脏兮兮的拖把扔在店门口，抹布扔在收银台上，门口的地砖有破损，店里的地面有大片污渍……

顾客很容易把对店里的糟糕感觉连带地附加到货品和价格上，会认为这种店的货品也许不是正品，价格低的可能有质量问题，价格高了可能有水分。这老板本人的形象往往也不那么好看，面容不整、穿着随意，脸上有个大痦子，嘴角再叼根烟，这个样子的老板也就别指望有什么良好的售后服务了。甚至，这家小店没准什么时候就关门跑路了……

毕竟，作为普通消费者只能看到表面的东西，买东西的时候，感性大于理性，即便店里的商品货真价实，老板也忠厚老实，但这些东西表面上往往又不能一眼看出来。另外，顾客在买东西的时候，知道肯定是要被人家赚钱的，但是，宁可被一家大型的、知名的、管理规范的企业赚，也不愿意被一个粗俗的小老板把自己的钱赚走。

这个问题，往大了说，要进行门店的整体现场整改，从老板到店员的个人形象也是门店形象的一部分，也要上纲上线有各种要求。当然了，这样做的成本太高，不是所有的老板都能承受得起。不过，可以从一些小细节入手，花费较少的成本，迅速在细节上做出改善。

细节点有很多，如综合成本、执行便利性、顾客感受等，可先将细节点改善确定在这样一个方向：让小店里出现大公司的痕迹。

也就是将大型企业的一些现场管理工具，直接用在当前的小店里，使店里在某些细节点上有和大企业一样的管理，在方便店内管理的同时，还能让前来购物的顾客，通过发现该店的细节规范，将这些细致、规范的管理动作与货物的品质产生正面关联，提升对门店的正面影响。尤其是一些来自大公司的顾客，在这么一家小店里，居然能发现大公司才会用到的一些管理工具，往往会感觉亲切，或者说是有呼应感。

那么，在小店里，在哪些细节可以出现大公司的管理痕迹呢？

1．固定资产标签

大型公司在对固定资产的管理中，普遍会用到固定资产标签，并将其加贴在各类固定资产上。小型门店虽然没几件固定资产，但也可以使用固定资产标签，如在桌子板凳、电脑、电话上都贴上标明设备名称、型号、采购时间等的基本信息。

固定资产管理 Assets Management

名　称		型号/备注	
使用部门		管理人	
配置日期		编　号	

2. 文件的分类和说明标签

店里多少是有些书面文件的，细分的话，也能分几个类别出来，没必要都堆在一起，或是扔在抽屉里。可以买上十来个文件夹，将各类书面文件分门别类地存放进去，并加上文件夹背标，整齐地摆出来，也能体现出门店的规范性。

3. 墙上的开关说明标签

店内墙壁上的各类开关，也可以使用说明标签进行标注。

4. 电器设备插头标签

收银台附近是店里各类电器最为集中的地方，往往要使用多位插座，多个插头都集中在一起的时候容易拔错，可考虑使用电器设备的插头说明标签。

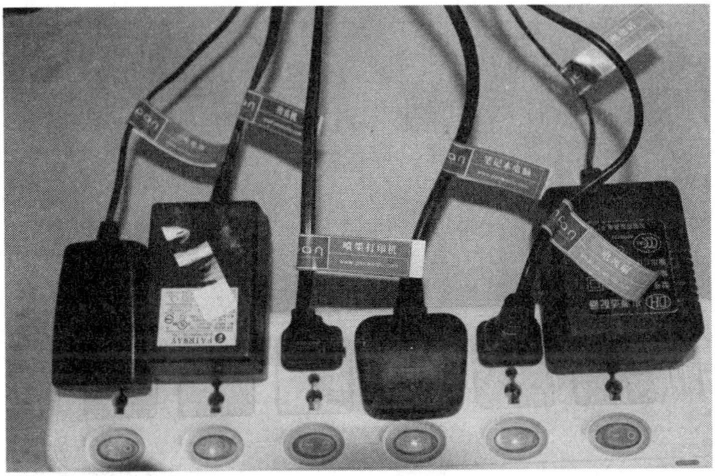

5. 年度时间表

在收银台附近张贴一张年度时间表，把各类工作事务进行集中标注，防止自己忘事的同时，也是间接向顾客展现本店管理的规范性，并暗示本店很稳定。

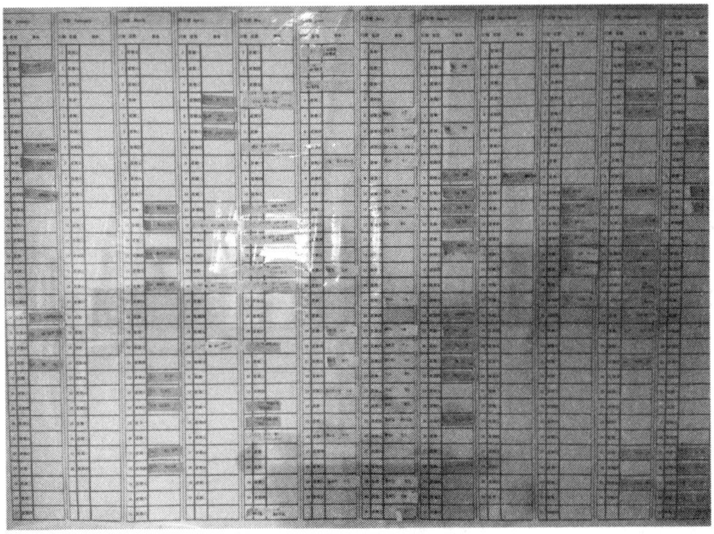

6. 物品的分类管理

店里总有些零散的小东西，如各类办公用品、小工具、赠品、单据等。乱七八糟地挤在抽屉里或是堆在桌子上，自己用起来不方便，顾客看到了感觉也不太好。可以使用物品盒进行分类分装，再加贴说明标签，如此整齐摆放，存取方便，看起来也顺眼多了。

简单的事情才能被执行，门店的规范化管理有上百个细节点，一下子说多了大家记不住，可以先从这几个最简单的小细节开始，进行一些整改和尝试，持续提升门店的管理规范化，增加顾客的正面印象分，为后期销售工作打好基础。

九、门店里的欢迎饮品

进店的都是顾客，既然是顾客进门，总要有个招待，最起码也给倒杯水吧，那么，这方面又有哪些细节点要注意呢？

1. 什么时候给端上水

最佳的时机，是顾客刚坐下来的时候。若店里并没有给顾客坐下休息的地方，则可以安排在沟通刚刚进入实质环节时（例如说到价格），或是双方沟通有点陷入僵局，现场稍微有些冷场的时候，此时端茶上水，可以缓解一下现场气氛，或是转移一下顾客的注意力。

若是遇到采购型顾客或是上门投诉退货的顾客，端茶送水的节奏就要提前了。

2. 是否要询问

若是店员客气地问顾客“您要喝点什么”，估计顾客十之八九会说不用了，所以，要么别问直接上，要么进行封闭式提问：“您是喝点热的还是冰的?”

还有两种情况，即顾客进店后坐在一个角落里休息，神情发呆，或是陪同太太逛街的先生进店后坐在某个角落里。这两种情况可默默送杯水过去，表情示意下就好，不要刻意询问或是打招呼，他们要的是安静。

3. 上什么饮品

在广东、福建等有传统饮品习惯的区域，招待顾客的大多是茶，最广泛、最简单的饮品还有白开水，并且，现在大家越来越重视健康，碳酸饮料和甜味饮料往往不怎么待见，所以建议别上。

若是顾客带着孩子进店，则可以上甜味饮料，并注意及时续水。

有的店家图省事，直接拿瓶装水给顾客，执行起来简单，但有些顾客会不好意思接受；另外，直接拿瓶装水出来，少了倒水及续水这么一个服务动作。若是确定使用瓶装水，记得不要主动把盖子拧开（有些顾客接到开过封的瓶装水时，会感觉不卫生），确保把密封完整的瓶装水交到顾客手里。

4. 上冷水还是上热水

身体在接触不同的温度时，主观感觉上会不同，手里捧杯冰水和热水，会在一定程度上影响顾客的主观意识：热水会使顾客联系到热情，冰水则是反面。所以，对于进店顾客，一般上热水，除非顾客强调要冰水。

5. 用什么杯子

常见的杯子有如下几种：

(1) 茶具里的茶杯。

适合在有对应茶文化的区域使用，若是本地并无此饮茶习惯，还是别用了，不然的话，即便店员热情地端上去，顾客也不会喝。

（2）一次性塑料杯。

优点是便宜，缺点是感觉太次，现在稍微讲究点的店里已经不再用一次性塑料杯接待顾客了，要是再配上这种杯托，感觉就更土了。

（3）一次性纸杯。

表面上看起来要比一次性塑料杯稍微强一点，但是，纸杯质量也是高低不一，次点的纸杯照样存在有气味、太薄软等问题。

（4）航空杯。

航空杯就是硬质透明塑料杯，飞机上常用的那种，虽然价钱贵一些(2～3角钱一个)，但手感好，透明度高，所以档次也上去了。

（5）普通玻璃杯。

门店的玻璃杯肯定是反复使用的，即便店里不怕麻烦经常清洗，顾客也不愿意使用陌生地方的玻璃杯。

若是使用玻璃杯，在泡茶时玻璃杯的温度会比较高，为体现对顾客的细心和照顾，可在杯子外面系条小毛巾，进行隔热处理，方便顾客持杯。

（6）VIP 顾客的杯子。

既然是 VIP 顾客，细节方面就要考虑到位了，可给 VIP 顾客安排专用的杯子，专人专用。

6. 倒多少水

有句古话叫“浅茶满酒”，即招待客人时，酒要倒满，茶则不能倒满，得留一点出来，尤其是热水，方便顾客捏住杯沿上方不烫的地方，减少水泼洒出来的可能。所以，给顾客倒水时，记得倒70%就可以了。

7. 杯口的防护

当门店有粉尘或是靠近马路时，有些讲究的顾客会担心粉尘飘落到敞开的杯子里，所以，细节工作要做在前面，存在粉尘碎屑污染的门店，在给顾客上饮品时，要主动在杯口上覆盖一层保鲜膜，让顾客自己拆封。

8. 怎么端上来

最简单的办法是直接用手给顾客拿过来，但是，确定店员的手干净吗？会不会触碰到杯沿？会不会拿不稳？而且一次也只能拿两杯，可稍微注重一下形式感，用个托盘给顾客端过来。

9. 说些什么话

给顾客上饮品的时候，嘴里自然还要客气一下：

（1）请用茶。

（2）来，喝杯水。

（3）水给您放这儿了。

10．放在哪里

要么直接递到顾客手上，要么放在桌上。若是打算引导顾客坐下来谈一谈，可把水杯放在桌上，然后请顾客坐下来喝杯水；若顾客忙着接电话或是正在仔细看产品，也可把水杯放在一侧，然后提醒顾客，水杯给您放在这里了。

在将水杯放在桌上时，尽量使用杯垫，或是铺张厚点的餐巾纸，再把杯子放上去，稍微有点形式感，让顾客感觉更细致一些、更舒服一些。

11．顾客走后

当顾客离开时，最理想的状态是顾客自己把杯子带走，这样大家都省事，若是顾客留下杯子，可稍微等顾客走远一些的时候，再清理掉。

太快的清理动作，会让刚刚离店的顾客感觉不好，可等顾客离开一会，再将顾客用过的茶杯扔到垃圾桶，否则顾客心里会想："以前说人走茶凉，我这刚离开他就连茶杯都直接扔了。"

12. 这杯水的作用

（1）对应欢迎的现场气氛。

（2）拉近距离，消除陌生感，促进初步关系的建立。

（3）通过水温促进顾客对门店的正面感觉。

（4）通过杯子质量、托盘、杯垫来突出服务的细致程度。

（5）给顾客带来一点点愧疚感。

十、急客的接待

什么是急客？

简单来说就是着急买的，也许是家里等着急用，也许是单位的紧急采购任务，也许是临时送礼需要采购，也许是自家孩子闯了祸，赶紧买一个赔偿给别人。

这类顾客的特点比较容易识别：

（1）进店时的走路速度较快，几乎是一头冲进来的，与普通顾客晃悠悠进店有明显的不同。

（2）普通顾客一般是边进店边东张西望，急客进店时，眼睛是盯着某一个点的，脑袋几乎不动。

（3）脸上的表情较为严肃。

（4）进店后往往只走到两个地方，或是某件商品前，或是直接冲到收银台询问某件商品。

（5）普通顾客在刚进店时，也许会回避店员的介绍，说要自己看看，而急客则会主动找店员询问商品情况。

（6）在对商品信息的了解中，主要集中在型号、是否有现货、库存数量、提货/送货情况，以及到位的价格是多少上。

总体而言，急客会主动表达相关的购买需求，也希望店家能给出一步到位的价格。同时，急客自己也有点担心，担心店家利用自己急于购买的情况，不肯给出最优惠的价格，或是隐藏一些优惠条件。所以，急客有时候也会故意释放一些信息出来，例如自己对这类商品很熟悉，以前经常采购，或是已经去过哪几家同类的店，主要意思就是说明自己很懂行情，店家可别蒙我。

那么，针对这样的急客，怎样接待才较为妥当呢？

1. 确定基本信息

诸如采购性质、型号、数量、配件要求、票据要求、送货及提货要求等。

2. 调整表情

顾客急于采购、急于完成任务，是有点压力的，所以顾客脸上的表情也会比较严肃。这时，作为店员，脸上就要有对应的表情，也得严肃起来，语速也得加快，千万不能带着笑脸，或者慢条斯理地说话，这样会让顾客感觉更加烦躁。

3. 压缩常规接待流程

既然是急客，时间就很宝贵，就别搞常规的接待程序了。一些寒暄、消除陌生感、建立信任、产生兴趣、深入了解全面需求、各商品的详细介绍、优惠活动介绍等环节可直接跳过去，除了必备信息外，能省则省，顾客没时间和你按部就班地磨牙。

4. 全店紧张

全店的店员，一起造就了店内的人文气氛，面对急客进店，接待的店员一旦明确顾客的性质后，应及时将此信息传递给全店所有的店员，让所有的店员先都围过来一下，并且所有店员脸上的表情、说话的语气都要紧张起来，让顾客感觉到不仅仅是接待自己的店员，而是全店的人都在为我这个紧急采购项目紧张起来。这会让顾客产生一种强烈的对比，对比自己刚才进过的其他店，或是顾客在接下来进入其他店时，感觉明显不一样。

5. 动作加快

除了店员的表情开始紧张外，动作也得加快，例如去拿个资料或是看下库存的时候，都要一路小跑着过去。若是交代其他店员去拿个什么材料时，嘴上也得叮嘱一句："要快!"这就从侧面和正面都说明这家店很把这笔紧急采购当回事，想顾客之所想、急顾客之所急。

6. 主动打消顾客的顾虑

前面说了，有些顾客会有些顾虑，担心店家利用自己急于采购的情况，不肯放低价格，或是隐藏优惠条件。这时，店员就得主动说出顾客的顾虑，主动表示："虽然您是着急购买，但我们店也不是临时开的，我们也得做常年生意，不能只做一锤子买卖，不能利用您急着采购而乱要价，反而价格和优惠条件要更到位，因为您这是马上就采购，对我们来说马上就形成实际购买，价值度更高，所以，价格方面，得给您好好核算核算，以确保合理。"尽量在一开始就主动打消顾客的疑虑。

7. 更换沟通场地

急客进店后，店员应尽量把顾客往店里面带，让顾客坐下来，毕竟，这类急客心里着急，接待方面稍微大意一些，可能掉头就走了，所以，得尽量往店里面拉着点。另外，若店后面有仓库的话，尽量把顾客带到仓库里去谈，看着堆积如山的货物，顾客会感觉这家店更靠谱；同时，仓库里的商业气氛比较淡，而正式感、专业性及实力的严肃气氛则会明显得多。

8. 商品介绍

首先，不要翻箱倒柜地找商品资料，这样会显得慌乱，一定要准确地拿好（或是让其他店员去准备资料）。在介绍商品时，也不要给顾客太多的选择面，这样会把顾客搞晕，若是顾客有明确的型号款式最好，若没有，在给顾客推荐时，推荐三个即可。

9. 主动配套服务

主动向顾客表示，您这要得急，相关的送货、安装等工作我来马上安排，争取用最快的速度达成这笔交易。同时，有些不着急的手续，例如客户资料填写、售后保修单、开发票等工作，可让顾客选择一个不忙的时间过来办理，或者等店里办好后给顾客送过去。

10. 观察顾客的反应

急客进店的时候表情是焦急的，到了后期，再注意观察一下顾客的表情，如果仍然很焦急，说明顾客对这家店和这个店员及所推荐的商品还不满意，问题还没解决，顾客还得抓紧时间去其他的店。若是顾客表情已经放松，这就是个很好的信号，说明顾客很满意这家店的商品和服务，问题解决了，不用着急了，表情自然也就放松了。

十一、顾客在场时不做的七件事

对于顾客来说，一家店及这个店里的人都是陌生的，顾客刚进店时，对店里的感觉是零。若是店里的服务良好、环境舒适、店员和蔼可亲，那对这家店的感觉就是不断地加分，反之就是不断地减分。当负分达到一定程度时，也就是顾客离开店里的时候了。

造成顾客对店里感觉减分的因素很多，其中店员自身原因导致减分的占比较大，例如在表情、语言、举止等方面。这里列举一些常见的，会导致减分的举止行为，也就是顾客在场时，店员尽量不要做的事情。

1. 不扫地

打扫清洁，只能在没有顾客的时候做。若是有顾客在场，店员有扫地、吸尘、擦拭货架等行为，顾客首先产生的感觉就是“这是要撵人走啊”，立即心生不爽。另外，扫地时的灰尘、吸尘时的噪声，都会干扰顾客的情绪，导致顾客不悦或是烦躁。

2. 不打喷嚏不咳嗽

打喷嚏咳嗽存在传播疾病的可能，这会让有洁癖的顾客顿生反感，迅速离你三丈开外，甚至直接离店而去。万一遇到突然想打喷嚏时，可以采取仰头看灯光的办法消除。

3. 不吃东西

当着顾客的面吃东西（常见的是早餐），行为不太雅观，牙齿上没准会沾留些食物残渣，使形象直接受损，加之剩余的食物会散发气味，导致店里气味不佳，并且会让顾客感觉到，这个店员还没有进入工作状态。

4. 不吃药

无论店员在吃什么药，只要被顾客看到了，顾客立即就会产生疑问，有病的人才吃药，这个店员有病？没准还会猜这个店员得了什么病，是皮肤病、肝病，还是梅毒、淋病？于是浑身打个冷战，赶紧闪……

5. 不挠痒痒

挠痒痒同样也是不雅的行为。并且，挠痒痒这个动作会让顾客产生一种对应感应，感觉自己身上也有点痒，或者感觉这个店员是不是不讲卫生。

6. 手忙脚乱地找东西

找资料也好，找宣传单页也好，找说明书也好，找赠品也好，找单据也好，只要是店员当着顾客的面手忙脚乱地找东西，顾客立即就会感觉到这家店管理混乱，连最基本的物品管理都做不好，看来售后方面也可能不靠谱。店里的物品摆放一定要清晰到位，并且加贴说明标签，方便在有需要时及时拿取。即便要找东西，也别让顾客看出来是在找东西。

7. 不挂耳机

包括各类音乐耳机或是电话蓝牙耳机，只要是挂在耳朵上，即便没有启用，顾客也会感觉这个店员的心思没有放在接待自己上，而是在听音乐，或是随时准备接电话。

十二、别人没有的服务才是服务

“人无我有，人有我优”，这在今天的门店经营上，具备指导意义。

以前店里是卖产品，后来升级为卖品牌，大家都希望通过品牌来进行产品区隔，知名度大的品牌及高端品牌可以提升溢价能力。可是，在产品同质化的基础上，品牌现在也开始同质化了，大家都会讲故事了，都会讲历史了，都会讲情怀了，都在强调自己有核心科技了，都在表明自己有工匠精神了，都会请国际4A 广告公司拍摄精美广告了，都会请明星或是看起来很有气质的老外当代言人了。消费者见多了，也就不稀奇了，反正大家玩的套路都差不多，所谓的品牌感觉也开始麻木了。

产品同质化、品牌同质化，接下来只有做服务了。可是，在店老板看来，我的服务工作也都做到位了啊，诸如送货上门、包退包换、售后服务、顾客进店笑脸相迎、端茶递水、赠品礼品，该做的服务我也都做了，就差捶腰捏脚了，可是，生意还是不行。唉，生意难做啊。

从发展趋势来说，服务的提升是必须的。但是，服务给顾客带来的感觉则是相对的，如果某些服务措施每家店都有，例如给进店的顾客倒杯水，这几乎已经成为标配了，顾客的感觉也就很平淡了，这样的服务已经难以打动顾客了。

从当前的门店服务措施来看，走的几乎都是标配路线，大家所提供的服务措施都差不多，甚至有些门店的服务措施还是被动的，别的店已经在采取这些服务措施了，往往是被动地跟随也采取一些，既没有主动研究，也没有什么创新。到最后，感觉该做的服务也做了，可对生意的推动效果不大，于是，更没有兴趣进行服务的深入研究和提升了。

服务效果是相对存在的，别人没有的服务才是服务，同质化的服务措施难以体现效果，端茶倒水，虽然这个简单的服务项目大家都有，但是这也存在很多升级的地方，例如：

(1) 在顾客进店后的什么时间点把水端给顾客？

(2) 用什么杯子？

(3) 杯子里的水倒多少？

(4) 顾客站着和坐着的端水动作有什么不同？

(5) 送水上去的话术是什么？

(6) 如何续水？

另外，在服务领域，可以创新的空间很大，诸如：

(1) 如何对进店顾客进行心情识别，根据顾客的心情状态，采取不同的服务措施。

(2) 对顾客随行人员的接待。

(3) 对顾客孩子的接待（不同年龄段有不同的接待措施）。

(4) 对顾客带进店的宠物的接待。

(5) 针对顾客的手机，能做点什么？

(6) 针对顾客带进店的随身物品，能做点什么？

(7) 针对戴眼镜的顾客，能做点什么？

(8) 针对开车来的顾客，能做点什么？

(9) 下雨天进店的顾客，有哪些特别接待措施？

(10) 首次进店的顾客，只是随便看看的，临走时有哪些送客措施？

总而言之，被动跟随地搞服务措施，肯定不如主动的服务升级及创新研究。这就涉及店老板自身的进取态度了，尤其是是否具备研究学习的心态，例如研究其他行业的服务措施，特别是以服务为核心的行业，诸如高级酒店、会所、航空公司、化妆品、保健品等行业，人家在做哪些服务措施、在哪些服务措施上有创新升级、有哪些方面可以借鉴学习。

若是店老板自己的思想落后，不肯主动学习创新，最多只是跟随复制，这行为落后，业绩当然落后，再来怨天尤人，说生意不好做，什么用都没有。

从竞争的角度来说，自己店里的服务措施做得越好，对比效果越明显，竞争对手就越难受。反过来说，别家店里已经提供的服务，你的店里还没有，就会让顾客产生对比落差，也会得罪顾客。

十三、侧重顾客能看明白的地方

越来越多的厂家正在把店员变成技术专家，卖化妆品的转型成时尚顾问，卖保健品的穿上白大褂，卖洗发水的要做头皮医生，让店员直接转型成专业人士。

店员们一开口，就是各种专业卖点、技术数据、产品工艺，食品必含各种维生素，化妆品里必定有各种神奇地域的动植物的提炼物，家电肯定含各种核心科技，要不然就是各种高级智能化。相伴随的，还有各国家、各机构出具的各种技术指标和鉴定报告。

可是，这些东西顾客都能听懂吗？当然了，厂家这样做的出发点也简单，就是突出自身的专业性，发挥技术水平的优势，尽量避免同质化的泥潭，力图把自己往高大上的方向来打造。但是，说来说去，最终还是说给顾客听的，做给顾客看的，所以还是要考虑一下顾客的感受。如果顾客不买账，那搞什么都是白费力气。

为了突出与顾客的有效沟通，也就是让顾客买账，要侧重顾客能看明白的地方，这就需要店员对沟通的内容进行一些调整了。

1. 专业术语的通俗化

没有几个顾客能听懂那些专业术语和技术数据，那就进行通俗化改装，用老百姓生活中的常见现象和道理，来说明某个技术性能。

2. 动画视频

视频播放在终端运用得很多，但大多数都是高大上的内容，诸如各种先进生产线、技术分析、获奖荣誉等，且是千篇一律，顾客也没兴趣看下去。可考虑改成动画模式，以轻松短小的动画片，来形象直观地说明某个技术原理、对比优势，或是使用流程。

3. 检测工具的运用

各类产品的技术数据，虽然看起来很有道理，但这只是厂家单方面搞出来的数据，难免有自吹自擂的嫌疑，即便第三方机构出具的一些证明材料，那也只是些书面文件或是奖牌而已。

比较简单的办法是提供使用容易的专业检测工具，让顾客亲自去检测一下，例如检测噪声的分贝仪、检测风量的风速仪、检测材料厚度的游标卡尺、检测耗电量的功率仪、检测温度变化的测温仪等。

4. 能给顾客带来什么好处

顾客不是来听课学习的，更不是来听店员自吹自擂的，顾客是为自己买东西的，那么，店员在进行产品功能介绍时，更多地要突出产品能给顾客带来什么好处，而不是产品本身有多好。例如卖洗衣机的，没必要过多地强调品牌大、工艺先进、材料厚实这类夸自己的漂亮话，而要侧重给顾客带来的省时间省事，以及下雨天不方便晾衣服的解决方案。

5. “卖”人

先“卖”人，再卖货，也许顾客看不懂这个产品，但与店员接触后，觉得这个人不错，靠谱、值得信任，干脆我就听你的，你来帮我选择一个产品。要做到这一点，就需要店员在自身的服务能力方面有些提升，诸如在表情控制、仪表妆容、语速语调、服务措施、反应速度、善解人意等方面进行全面优化，毕竟，产品技术数据看不懂，但店员的表情、说话方式、接待服务水平这些是能看明白的。

6. 看环境

即便店员不在场，顾客也可以通过对销售现场环境的观察，来建立对应的印象。要想给顾客留下好印象，现场环境也得升级，尤其是在一些细节点上，要能体现出专业水平，或是能与竞争对手形成明显对比效果。具体来说，就是这些因素：

（1）现场的灯光温暖而明亮。

（2）整洁、有序，无杂乱物品摆放。

（3）清洁用品隐藏收纳，垃圾桶、烟灰缸等容易脏的物品保持整洁。

（4）现场没有私人物品，没有私人宗教神物。

（5）能用标签的地方用标签，尽量不要出现手写文件。

（6）现场环境配品与产品档次相匹配。

（7）现场无异味，温度及湿度适宜。

以上这些，都是站在顾客的角度来看的，侧重让顾客看到、用到、感受到、听明白，并且是建立正面印象，产生认可度和信任感，这是达成交易的重要前提。

十四、店员之间的沟通代码

在门店的现场，经常能看到这样的场景：

顾客独自在货架面前翻看商品，两三个店员站在稍远处，一边看着顾客，一边悄声议论着什么……

若是顾客转头看到了，会想到些什么呢？

（1）这几个店员在说什么呢？边说还边看着我，肯定在说我。

（2）在说我什么呢？好事不背人，背人没好事，肯定不是在说我的好话。

（3）猜疑、不爽、不悦，甚至有点小生气，走人！

其实，不管店员在一起说些什么悄悄话，顾客都会认为这是在说他，而且肯定不是好话。所以，首先要明确一点：

店员是不能当着顾客的面说悄悄话的。

当然了，店员说悄悄话，不一定就是在议论顾客，只是有些话不方便让顾客听到而已，如优惠幅度的商量、赠品的数量、接下来店员之间的配合策略之类，或者还有些压根与销售无关的话也没必要让顾客听到，例如老板今天心情不好、晚上去哪里吃饭等。总而言之，在顾客在场的情况下，店员如果有些信息要交流、有些话要说，但又不方便让顾客听到，这也是正常的，但是要考虑到顾客的感受，不能当面咬耳朵说悄悄话。当然，若是内部磨合到位、匹配度较高的店员之间，完全可以通过一个表情、一个眼神来传递信息，但是，这对店员自身的理解能力及团队之间的配合程度要求较高，没有一两年的互相配合基础，很难实现一个眼神一个表情就能有效传递信息。因此，可以考虑采取一个标准化的、容易学习掌握的代码传递方案，来解决这个问题。

所谓代码传递方案，就是提前设定特定的内容，并加上对应的数字代码或是手势动作，然后根据实际情况需要，可当着顾客的面直接说出代码，或者做出某个手势，内部店员立即知晓含义，但顾客并不知道内容所在，因此无须刻意远离顾客。在餐饮行业，因为现场较为嘈杂，说话对方可能听不到，多使用手势代码；而零售终端，则可以使用数字代码。这里给大家介绍一下笔者店里所编制的数字代码，供各位同行参考。

代码统一呼叫方式：开一个 XX 号开关。

1 号——这个进来的人是同行。

2 号——这个人脑子有问题。

3 号——这个人可能是贼，大家注意。

4 号——这个顾客后面有贼尾随进店，请适时提醒顾客。

5 号——配合我一下，就说这个货不多了。

6 号——配合我一下，就说这个货已经有其他顾客预订了。

7 号——这是个有价值的顾客，大家认真对待。

8 号——这是厂家的人，来检查终端的。

9 号——我没有向顾客说有活动、赠品或是优惠，你们也别说。

10 号——这个人是政府职能部门的，是来检查的。

11 号——这个人是媒体记者，是来暗访的。

12 号……

对方的回复码是：好的，XX 号开关已经开了。

意思就是：收到，我已经明白你的意思。

这个代码的使用，主要集中在以下三种情况：

（1）顾客刚进店时，靠近店门口的店员在接待时根据所获取的相关信息，及时向店内其他店员进行全店通告。

（2）在接待顾客的过程中，有一个信息要告知全店店员的，使用代码发布信息。

（3）在接待顾客的过程中，需要其他店员有所配合的，向某个特定的店员发出代码信息。

这些代码，可以当着顾客的面轻松说出来，直接让另外的店员得到信息，不必担心顾客知晓内容，即使是刚入职、内部匹配度不高的店员，也可以迅速掌握使用，且没有一分钱的费用。

十五、顾客没说出来的话

每个成功人士之所以成功，总有些没法说出口的真实原因。说出来的，往往都是党的政策好、市场机遇、自己勤奋、贵人相助等，真正的原因只有自己心里知道，不能公开说。

同样的道理，顾客进店之后不可能都会买东西，而那些没买东西的顾客之所以没买，肯定是有原因的。不过，要是店员追问，或是顾客比较客气的话，大多会给出一个不买的理由，当然，这都是能公开说出来的理由，例如：

（1）价格贵。

（2）赠品太少。

（3）今天没带钱。

（4）型号规格不符合。

（5）我再去其他家看看。

（6）回家等老婆大人的批准。

（7）今天没时间，下次再说。

……

作为店员，自然每天要听到不少这样的话，有相当一部分的店员认为，顾客说出来的原因自然就是顾客没有购买的原因，并且，还会把这些话转达给老板，也许还会进行一些渲染和加工，算是对自己工作状况的一种辩解。

老板听到这些话自然不高兴，一方面感叹现在生意不好做，另一方面没准就把气撒在上游厂家身上了：看看你们开发的破产品，一点竞争力都没有……

面对顾客所说出来的这些不买的理由，我们先来想两个简单的问题：

（1）顾客说出来的这些不买的理由都是真的吗？

（2）顾客心里还有哪些没有说出来的话？

之所以说这个，首先是因为有些顾客说话有两大特点：一是有话不直说，二是不说真话。若是真信了这些话，这生意自然不好做，退一步说，普通的店员信了这些话也就罢了，若是连店老板也信了，那这生意真是没法做了。

首先，站在顾客的角度来说，不买肯定是有原因的，例如店员并没有搞清楚顾客的实际需求，或是顾客没搞明白这个产品的主要特点有什么，或是这个产品看起来与其他店里的类似产品有什么差异……还有些原因是没法说的，例如这个店员态度太差、有口气、牙齿上有韭菜叶子，或是给人的整体感觉很不好，像个骗子……例如这家店看起来不那么地道，估计很快就要关门跑路了……例如店里有股异味，似乎是垃圾桶里馊掉的早餐和腋臭的混合味……当然了，这些话是打死也不能说出口的。那只能给些冠冕堂皇的理由，给自己一个脱身的理由，也是给店员一个台阶下。

其次，从店员的角度来说，面对顾客所说的话千万不能照单全收并且信以为真。一旦遇到顾客说出一些冠冕堂皇的不买的理由，首先应该想到的是，这些都是推脱之词。顾客对我这个人、我的态度、我的专业、我的表达方式、我的表情、店里的整体氛围感觉有意见、不满。马上进行全面的分析查找，看看原因在哪里？有则改之、无则加勉。

然后，分析顾客心里还有哪些话是没说出来的。每个人都有一定的伪装性，经过训练的店员可以通过对顾客前后所说的话进行内容对比，看是否前后矛盾，或是通过观察顾客脸上微表情及肢体的细微变化来判断顾客所说话的真假，初步估算是否还有挽回的余地。

接下来店员对顾客说的话，就要有所针对了。不是针对顾客说出来的理由，而是要针对顾客心里没说出来的那些话。

再次，站在店老板的管理角度来说，进店顾客不买东西的理由，往往被店员直接转变成业务不好做的理由，所以，店老板要有个正确的面对态度和基本思路：

第一，自己不能照单全收，更不能以此认为店员工作辛苦。

第二，要主动询问店员，这些理由是顾客告诉你的，还是你自己猜测分析出来的。

第三，向店员说明，顾客说的这些话可能都是推脱之词，不要信以为真。

第四，即便顾客不买东西的理由都是真的，这也是店里请店员的根本目的所在，店员就是来化解这些问题的。若是店员只会把这些问题转交给老板，那么，店员的价值又在哪里？

第五，作为一个训练有素的店员，在听到顾客说出这些不买的理由后，还得分析顾客心里那些没说出来的话，并采取针对性的销售措施。

总而言之，普通店员只能听见顾客说出来的话，而高手则能推算出顾客心里那些没说出来的话。

十六、一句话哄人开心

顾客买的不是商品，而是开心。

把顾客哄开心，是销售成交的前提，尤其是高端产品的销售，当自家产品与竞争对手之间存在差距时，这是有效的补救手段。

不过，顾客进店停留时间短，不可能有太多的铺垫和逐步带入，店员在语言方面要精练，最好一句话就能把顾客哄开心。下面列举几句，以供参考。

1. 风雨天

风大雨大，顾客被淋雨，进店时难免有几句牢骚话，店员在递送干纸巾时说一句“贵人出门风雨多”，恭维顾客是贵人，出门有风雨是正常的。

2. 怀孕加一人

明显能看出来是怀孕的女顾客进店，在打招呼时要多加一人，例如夫妻俩进店的，就要说“欢迎三位光临”，把胎儿也算作一位。

3. 对男性的尊称

男性顾客进店，故意猜设顾客的职业身份，当然，这得高看一眼。如男顾客较为强壮高大，则猜问顾客是不是军官；如男顾客较为文弱，则要猜问顾客是不是教授。

4. 表示自己有点紧张

面对一些看起来有些威严的顾客，故意来这么一句："抱歉啊，我有点紧张。"顾客会问道："你紧张什么?"店员再回答："我每天在店里见的人也多，啥样的达官贵人也见过，不知道为什么，一看见您，就觉得有点紧张……"这顾客一听，心里啥感觉？爽啊：你看看你看看，我这个气质，我这个气势，天生的官威，自带神仙气质……轻松碾压一般人啊，我早就感觉到了，我就不是一般人。此时，顾客心情异常愉悦，不过，表面上还是会故作轻松平和："别紧张别紧张，我不就是一个普通老百姓嘛。"

5. 压货抬人

当顾客指着高端产品或是新产品咨询店员产品情况时，店员千万别直接介绍产品如何如何，而要把产品放在一边（压货），把顾客"抬"起来，诸如：

（1）您的眼光真好。

（2）您真是懂行的。

（3）这个产品一般人不认识，您真是见过大世面的。

（4）能看这个产品的，品位都不一般。

（5）这可是我们店里的镇店之宝，一般人不敢选的。

（6）这是最新款，没几个人知道的。

6. 逢人减寿

现在你夸赞顾客是有钱人，是个土豪，顾客可不一定高兴，但是，若是夸赞人家年轻，那肯定是开心的。所谓逢人减寿，即故意把顾客的岁数说得小点，夸赞其年轻。当然，减岁数也得有个谱，一般来说，五十岁以上的，最多减二十岁，五十岁以下的，最多减十岁。若是减得太多，就太假了。

7. 顾客的饰品

顾客身上带的饰品，诸如项链、手串、玉石等，既没有商标，也很难直接看出来价钱，最简单的办法就是加价，成千上万地加。例如顾客的手串估计也就几百元的货色，但店员得说要上万元，这说高了，顾客不会生气，最多说一句："没那么贵，买着玩的。"若是顾客几百元买的手串，店员说成是一百多元，这可就得罪人了。

还有些顾客带一些尺寸较大的饰品，例如挂件和串之类的，店员也可捧一句："这种大尺寸的，一般人不敢带，气场不够，压不住。"间接夸赞顾客不是一般人，气场非比寻常。

8. 顾客的孩子

父母看待自己的孩子都是高看一眼，尤其是几个月的娃娃，未来更是有无限种发展可能。所以，对带几个月小宝宝进店的顾客，店员更可放开了夸赞。

9. 突出顾客言语的价值

顾客针对产品本身和选购方面，也会说一些自己的观点和心得，这时，店员就要直接肯定顾客某句话的价值，诸如：

（1）您刚才这句话说得很对。

（2）您这句话说到点上去了。

（3）您这一句就抓到核心了。

（4）没有深入研究，是说不出这样的话的。

（5）不是专业人士，是不会这么看的。

十七、顾客说我要去别家看看

“我要走了”“我要到别家看看”，顾客说的这些话，究竟是什么意思？

顾客与店家就像恋人一样，有时候也会闹点小脾气，也会分分合合。顾客想要被关注、被哄、被重视，在某些时候，顾客还需要有个台阶下。顾客表示要去别家看看，也属于这个范畴。

那么，顾客说的这些话，具体是在传递什么信号呢？

（1）说明产品本身没什么问题，只是在价格或是优惠政策方面有点分歧。

（2）可能是在刚才接待的过程中，顾客感觉有些不被重视，所以提出要走，让店家重视自己。

（3）这是在给店里一个明确的信号，说明自己不满意（比如价格）。

（4）让店家赶快留住自己，或者是给自己一个台阶下。

（5）店家得有所妥协，不然自己真会走的哦。

真正要走的顾客反而会很安静，只说些客气话，不会刻意地说出要去别家看看，嫌货的才是买货的嘛。那么，遇到顾客说要走时，千万不能用的说辞就是：

（1）那您去看看吧。

（2）那我也没办法，已经是底价了。

（3）您到哪家看都一样的。

（4）您别着急啊，再看看嘛。

(5) 欢迎下次光临。

说这些话，就真的把顾客轰走了。既然顾客表示出有所不满，那就应该顺接，主动承认自己没做好接待工作，或是没把话说清楚，不管怎么样，先找个理由把人留住，再慢慢谈就是了。要想留人，要么转移顾客的注意力，要么增加服务，让顾客不好意思再走，要么设法给个台阶让顾客下，即便是让价，也得找个让价的理由。参考话术有：

(1) 抱歉啊，刚才是我没说清楚，这个产品的情况是这样的……

(2) 不好意思，刚才一直在忙着打电话/开票，也没给您详细介绍。

(3) 虽说是货比三家不吃亏，但也得全面了解再比啊，我们这个产品还有个特殊的地方，别人家没有的，我来给您介绍一下。

(4) 来，我给您拿个产品资料，这样您对比的时候方便一点，您先坐，我来拿哈。

(5) 来来来，喝杯水再走。

(6) 外面太热/下雨，稍坐一下再走吧。

(7) 您这需要增值税发票吗？若是开普票倒是可以优惠一点。

(8) 您这次打算买几个？多的话，价格咱们再商量。

(9) 其他颜色/款式可以吗？

(10) 您是今天就提货，还是可以过几天再提货，若是您不着急用，晚点提货的话，可以考虑用后期的活动价格给您。

(11) 您这是送人还是自己用？若是自用的话，有些包装外面有小划痕的，您若是不介意，我这给您打个折。

(12) 您身边有无类似需求的熟人，看您能不能后期给留个意，帮本店推荐一下，当然了，今天我先给您打个折，后期还得麻烦您给小店介绍点生意。

十八、对抗顾客的反洗脑

简单点来说，销售工作就是洗脑工作，厂家给商家洗脑，商家给顾客洗脑，一级一级洗下去。

一般来说，这洗脑是单向的，店员给顾客洗脑，诸如大品牌、产品品质、性能特点、售后服务、性价比高等。并且尽量把多个理由叠加，希望发挥最大的洗脑效果。但并不是每个顾客都会被动地接受洗脑，有的顾客会抬杠、会抵触、会不置可否，更甚者还会反过来给店员洗脑，诸如：

（1）你们这个产品太贵了！

（2）你们这个产品太贵了！！

（3）你们这个产品太贵了！！！

店员一天听了一百八十多遍“你们这个产品太贵了”之后，很自然地也会产生一种想法：“嗯，我们这个产品的确太贵了。”

来自顾客的反洗脑，不但直接影响销售的成交率，而且对店员的信心也是一个打击。

这个情况是实际存在的，当然，店老板也没法堵住顾客的嘴，那只能在自己店员身上想办法了。

（1）顾客为什么会说价格贵，也许不是价格的因素，而是对店家的服务不满，或是觉得与店员的沟通没意思，要走了，临走时，以价格贵作为推脱之词。

（2）顾客为什么觉得价格贵，因为不了解情况和性价比，没有深入了解产品，没有了解与其他便宜产品之间的区别所在，说明店员解释说明工作没有做到位，或是不够形象直观，没让顾客搞明白价格贵在哪里。

（3）增加对店员的早晚会议。开会也是一种洗脑方式，店老板早晚两次给店员洗脑，在一定程度上抵消顾客对店员的洗脑。

（4）没有办法控制顾客说什么，那就提升店员的抗打击能力，通俗点说就是使店员心理承受能力强一点，脸皮厚一点。这就要学学美容美发行业，如在公开场合集体跳操，这的确能提升心理抗打击能力。

（5）提前预知顾客可能会说的各类负面言论，做到心中有数。

（6）店员把顾客有可能说出来的错误观点先说出来，再进行分析和否定，这样顾客也就不好意思再说了。若是等顾客说出来之后再进行否定，那就得罪人了。

（7）提升进店接待的服务水平，增加服务项目。例如端茶递水、为戴眼镜的顾客提供擦镜纸、对鞋子上有灰尘的顾客提供擦鞋巾、给顾客带来的小朋友一些小玩具等，让顾客不好意思反驳店员的话，减少对店员的反洗脑。

十九、面子，就是最好的赠品

赠品，是在销售过程中，作为礼品赠送给顾客的，目的是锦上添花，促进销售。无论是供应商对零售商，还是零售商对顾客，赠品都能产生一定的作用，毕竟礼多人不怪嘛。

从店员的角度来说，赠品是销售的直接促进力量，自然是多多益善。

可是，赠品的数量和种类是有限的，有些顾客超出标准地多要赠品（不要白不要），着实使人头疼。给了吧，坏了规矩，不好平衡其他顾客，再说也没有那么多的储备；不给吧，又怕得罪了顾客，甚至顾客可能会因此中断购买。

在赠品这个问题上，得考虑清楚两个问题：

1. 顾客为什么多要赠品

有些顾客只是抱着试试看的态度而已，也不是铁了心地想要。为什么会这样？往往是觉得店员面善，好说话，或是看到店里堆放着大量的赠品，觉得多要几个应该没问题，所以才会多要。此时，店员若是能给些解释，或是给个台阶下（如：这次实在没有富余的，下次我帮您留着），也能婉转地拒绝。当然了，若是顾客铁了心多要赠品，甚至提到了给不给面子的高度上来，那还是要给的，不然的话，轻则今天的交易做不了，重则是以后也不来了。

2. 赠品永远是有限的

赠品就这么多，毕竟都是要算到成本里去的，再大方的厂家也不可能没完没了地给赠品。若是指望靠赠品来促进销售的话，那就麻烦了。当然，销售的促进因素还是要考虑的，这就得换个角度想想赠品的问题了，建议如下：

面子，就是最好的赠品。

也就是说，是否有足够的赠品并不重要，重要的是能否给顾客足够的面子。为什么这么说？

（1）什么是面子？就是高看对方，认定对方不是一般人，并且通过言行举止表现出来。甚至，还要在一定程度上迎合对方的炫耀。

（2）面子，是很多人非常看重的，有些时候面子比钱重要，甚至比生命重要。

(3) 给面子的背后是丢面子。什么是丢面子？就是看不起对方。当然了，从店员的角度来说，不会看不起顾客的。但是，有些时候，店员有些无意的言行举止，会让顾客感觉被看不起。

(4) 在商品同质化、品牌同质化、促销活动同质化的市场环境下，顾客越来越看重采购过程中的自我感受。反正商品都差不多，就看哪家的服务好，让我心情舒畅，就买哪家的。所谓的服务好，其实就是给面子。

(5) 顾客在店员这里丢了面子，必定会放弃购买商品，转身离去。若是在店员这里收获了面子，也是要偿还的，其会通过采购来进行偿还。

那么，顾客的面子具体要怎么给？

(1) 顾客进店，或是愿意和店员谈谈，那就是给店员面子了，或者说是已经给了店员机会了。作为店员，理应珍惜并及时把握。至少，在顾客刚进店的时候，就要及时发现，及时打招呼，问候顾客。

(2) 服务精细化。顾客进店，就是贵客进店，端茶倒水这些基本的服务动作是必需的，具体来说，包括落座、奉茶、提供擦手纸巾、给手机充电、提供眼镜擦布等。注意一点，别家店已经标配的服务，就已经不是服务了，别家店还没有的服务才是服务。

(3) 在语言沟通上，不要把顾客当成一般人看待，更不要提出某某顾客更加特别，或是更加有钱这类话。这些话在顾客听来，就是在打压自己。

(4) 压货抬人，顾客提出要看看某类商品时，店员别急着介绍该商品如何如何，而应首先肯定顾客的眼光不一般，是识货的、懂行的，然后再说商品。

(5) 满足顾客的炫耀需求，尤其是老顾客，新买的衣服、新买的包包、新买的房子，乃至新买的手机，都要设法炫耀一番，因此店员要及时识别并加以赞扬肯定。至于顾客的孩子，更要赞美一番，诸如头发乌黑、眼睛大（不大就说有神）、皮肤白（不白可以说细腻）、聪明活泼（熊孩子专用词）等。

(6) 顾客今天不买东西，要说今天没照顾好，没有合适的商品能入顾客的眼，恳请其下次再来指教。顾客若是有购买，则在赞美顾客（与众不同）眼光的同时，还要感谢顾客的照顾。

二十、主动说不好卖

店员在给顾客介绍产品时，为了加强对产品的正面渲染，促进顾客下单购买，往往会刻意放大该产品的实际销售情况，例如：

（1）很多顾客喜欢这个产品。

（2）这个产品最近卖得特别好。

（3）××顾客一次就买了×××个。

（4）库存都不多了。

站在店员的角度，这么说当然没错，可以正面提升产品的形象，说库存不多了，还能催促顾客购买。可是，顾客也是这么想的吗？

人与人之间的矛盾，主要来自看问题的角度不同，店员说了产品这么多的好话，但在顾客听来，想的却不一样：

（1）王婆卖瓜，自卖自夸。

（2）把这个产品说得天花乱坠，是不是在吹啊。

（3）很多顾客喜欢这个产品？最近卖得很好？说明这个产品烂大街了，没什么稀奇的了，再说了，别人买我就要跟着买吗？我是一般人吗？别人的审美观和情趣，能赶得上我吗？

（4）××顾客一次就买了好多，店员说这个什么意思？说人家有钱？说我没钱？看不起我？

(5) 库存不多了，你们不会调货吗？以后厂家都不生产了吗？吓唬谁呀，多少年前的把戏了还拿出来玩。

本来店员是打算给产品贴金的，结果有些顾客不吃这一套，反而认为店员这是看不起自己，在用些低劣的伎俩戏弄自己。

其实，可以考虑换个思路，站在顾客的角度调整一下话术，尤其有两种话要注意：

1. 不要强调其他更有钱的顾客

顾客心理就是皇上心理，唯我独尊，听不得别人比他更有钱。所以，在顾客面前强调还有某个顾客有着更大的购买量，就是在间接贬低当前的顾客。

2. 不要动辄就说这个产品卖得多好

要换个思路，主动说这个产品现在卖得不好，当然，要说清楚为什么卖得不好，比如说：

(1) 这个牌子很多人不认识，暗喻一般顾客见识短浅、不识货。

(2) 这个产品价格较高，一般人舍不得买。

(3) 这个产品的使用需要上档次的配套环境，暗喻这个产品所面对的顾客群体不是一般人。

顾客听到此言，所想到的是：

(1) 这个店员倒是比较实在，一般店员都吹说这个产品卖得有多好，这个店员却说卖得不太好。

(2) 店员能说这种话的，就不是积极推销的。一般来说，店员越是积极推销的产品，顾客越是警惕，觉得这里面肯定有猫腻，要么利润高，要么有问题。

(3) 这种高档货，一般顾客根本就不识货，也没那个配套使用条件，更买不起，档次不够呀。

（4）我可不是一般人，我怎么能和那些普通顾客一样呢。别人不懂的，我懂；别人买不起的，我买。

二十一、补偿型购买

买东西是需要理由的，也许是自己喜欢，也许是符合实际需求。理由又可分为两种：一种是顾客自己找的，一种是店员给顾客导入的。当然了，站在店员的角度来说，顾客之所以确定购买，肯定是因为我成功地劝说了。其实，客观地说，顾客购买东西的理由，大多来自顾客自己，也就是顾客自己给自己找理由，理由确立之后，接下来才有购买行为。

除了个人喜欢，或是符合需求之类的常见理由外，还有一种较为隐蔽的理由，叫补偿型购买。所谓补偿型购买，就是顾客对产品买也可以，不买也可以，但是因为某件事情而对店员心生愧疚，无以为报，干脆就在店员手里买个东西吧，算是照顾人家的生意，自己也落个心理平衡。

为什么会产生补偿型购买？这与“平衡”有关。所谓“平衡”，简单点来说，就是不想欠别人的，也不想别人欠自己的。有句古话叫“滴水之恩，当涌泉相报”，可很多人不知道还有这一句，就是“君子报仇，十年不晚”。其实，从根上来说，是追求平衡，也就是谁也别欠谁的，无论是仇恨还是恩情，都要保持平衡，一旦失衡，心理就会过不去。并且，在平衡时，不是绝对平衡，而是要有意识地超出一点，例如还别人人情时，总想着要多还一点，而在报仇时，下手也要更狠一点。

大事上要平衡，小事上也照样如此。在逛店的时候，也许还没有看到中意的商品，但是在这过程中，一直享受着店员热情周到的服务，学习了解了许多有用的知识，或是提前享受到了许多增值服务，而自己不买点什么的话，心里有点过意不去。若是这时店员的态度仍然保持，或是提供了更多的增值服务，超过某个临界点时，顾客的心理就开始失衡了，觉得有点对不起这个店员了。于是决定，在这店里买个什么东西吧，也算是对人家热情服务的一个认可和回馈。当然，这个东西是可买可不买的，或是自己暂时用不到拿来送人的，等等。总之，匆匆地给自己一个选购商品的理由，然后购买。

那么，作为店员来说，完全可以利用这个平衡心理，前期先进行主动付出，在顾客自我心理失衡，尤其是超越临界点之后，再进行针对性的产品推销。那么，店员的主动付出有哪些呢？

1. 始终处于自我控制之下的表情

要始终保持热情洋溢的表情，切忌因为失控而表现出冷漠或是不耐烦。除了自我提醒外，还可在店里多处设置镜子，随时对照检查调整。

2. 言语之间

先要保持较慢的说话语速，再就是保持亲切友好且分寸合理的语言内容。当然，逮着机会别忘了多夸夸顾客，诸如身体、气质、容貌、眼光、懂行等方面。

3. 别吝啬自己的专业知识

从产品专业度的角度来说，天天与产品打交道的店员，肯定是比顾客专业多了，掌握的各种产品知识、各种使用技巧肯定不少，那就别吝啬了，主动一点，在顾客有需求的前提下，尽量多地释放给顾客，让顾客打心眼里觉得你就是专家、就是老师，今天在你身上学到了好多东西，进店真是很值。

4. 增值服务先行

在传统的营业观点里，提供给顾客的增值服务是与商品采购同步的，或是售后才有的。现在，这个观念得调整一下，要把给顾客的增值服务进行前置，就是在顾客还没有确定购买之前，先让顾客享受到增值服务。

比如一些低值的小赠品、免费提供的包装袋、免费的工具借用、免费的手机充电、免费的欢迎饮品、免费的纸巾提供、免费的洗手间借用、免费的眼镜清洗、免费的鞋子擦洗、给孩子拿的零食等。主动提供，顾客接受得越多，心里越容易失衡，就越容易产生补偿型购买的行为。

总而言之，一般顾客心里都有这种追求平衡的思想特征，完全可以加以运用。作为店员，在面对顾客的时候要主动一些，态度和言语要先主动付出，知识方法多提供，小型增值服务主动给予，持续超出顾客对店员的心里预期。其实，每一种主动，都是在不断地给顾客加码，加到一定程度后，顾客心理便开始失衡，开始产生愧疚心理，接下来的购买也就顺理成章了。

二十二、苦笑的运用

销售的过程，就是店员和顾客之间沟通的过程。沟通的质量决定了最后的成交概率，所谓的销售技术，更多的是沟通技术。沟通可分为三个基本要素：

（1）沟通中所传递的信息。

（2）沟通的表达方式。

（3）对方的接收和反馈。

在沟通的表达方式中，除了常规的语言沟通之外，肢体动作、表情、穿着、仪容仪表也都属于沟通的范畴。因为，这都是在传递信息，并且会被对方理解、接受并反馈出来。

如果站在顾客的角度，最容易识别和感受到的不是语言，而是表情。“相由心生”，心里在想什么，脸上就会有对应的表情，顾客一进门，如果抬眼就看到店员的一张苦瓜脸，估计立马就没购物兴趣了。当然了，稍有些经验的店员都知道，和语言一样，脸上的表情是要控制的，在顾客进门的时候，要能摆出一副笑脸来。但是，有一种情况却是被绝大多数店员所忽略的，那就是面部表情的失控。人一般可以控制自己的脸部表情，做出微笑或是严肃或是悲伤的表情。但是，这种主动控制一般都是一次性指令，也就是说，在调整出相应的表情之后，一般只能维持大约二十秒钟，二十秒钟之后，就会进入无意识状态，会随着当事人的情绪而出现对应的变化，但本人并不会知晓，还会认为是刚开始的特定表情。例如：顾客刚进门的时候，店员肯定会笑脸相迎，但这笑脸一般在二十秒之后就没了，随即进入无意识状态，也就是失控状态，这就存在表情不当而得罪顾客的可能。所以，在与顾客沟通的过程中，不但要控制语言，还要保持控制或是主动运用自己脸上的表情。

这里，给大家介绍一种在沟通中运用的表情——“苦笑”。

在销售过程中，有种情况是很常见的：顾客会提出一些过高的要求，诸如价格、赠品、多开发票、送货、退货保障、额外的服务等，已经超过了正常的优惠条件，的确是无法答应的，但也要给顾客一个回复和解释。

若是直接回绝，那肯定不行，一点面子都不给，这就直接把顾客给得罪了，再加上语气和措辞生硬的话，那这个顾客是跑定了。

若是急忙开始解释一大堆不能答应的理由，要么顾客不理睬，坚持己见“我不管那么多，反正你就给我一句痛快话，行，还是不行”；要么被顾客认为是可以商量的，然后顾客也会找出一堆理由来，诸如我是你们的老顾客了，以前照顾了你们多少生意，接下来我还会介绍其他人来你们店里的，总要有点特别优惠给我吧……这就会让店员没法有效承接和回应，要么被迫答应顾客的条件；要么拒绝，顾客掉头走人；要么推给店长和老板……

这里，我们先来分析一下顾客的心理。一般来说，顾客明明知道店里所标定的优惠条件，也从店员那里得知了优惠的最大限度，但还是坚持要拿到更大的优惠条件，顾客刚开始也只是试探性的，觉得提出来争取一下，能答应最好，要是实在不答应，也没什么损失。不过，要是遇到店员冰冷生硬的回答，顾客马上就会不高兴，这是不给我面子啊，完全不重视我啊，不行，今儿这优惠我还非得要了，不给就不买了。这情绪一下子就对立了。若是店员解释一大堆理由出来，说明这里面肯定还是有商量的余地的，顾客于是坚持不松口，多磨一下，要是实在不能给，店员肯定就直接回绝了，没必要解释这么多啊。

这时，可以考虑运用一种表情语言——苦笑，在听闻顾客提出的过高条件后，先不说话，而是苦笑一下。苦笑表示什么，表示自嘲，实在为难、实在无奈、有心无力。

这一苦笑，在顾客看来是一种信息传递，人家实在没办法，让人家很为难，但没直说，不直接拿话顶回来，也算是给自己留了面子，也就是缓解了顾客有可能出现的对立情绪，顾客心里也缓和了，开始调整自己对优惠的预期了，开始自己给自己找安慰了，没有就算了，别卡在这没完没了了。

店员在苦笑之后，就别再过多解释了，赶紧说些软话，一方面是给顾客一个台阶下，另一方面是赶紧转移顾客的注意力。

例如：

（1）早点带回家，早点享受。

（2）您对提货时间有要求吗？

(3) 我先看下库存，看看您要的这款还有没有货。

(4) 我去给您挑一个新包装的。

(5) 这样，我给您争取一个别的优惠条件。

二十三、店里进来的那些顾客

开店做生意，大门敞开，什么样的人都会进来，虽说来的都是客，可也不是每一个顾客都是好对付的。作为店员，对各种非正常的顾客要有所了解，至少要在心理上有所准备，学习一些应对方案。

一般来说，零售门店所遇到的不正常顾客，主要有以下这些。

(1) 嫌商品太贵的顾客。

这是最常见的，即便店里的价格已经跌到底线了，顾客还是张口就说贵了。这些顾客还会强调别家的价格如何、网上的价格如何，甚至是道听途说的价格等，反正就是要便宜、便宜、再便宜。

(2) 强调只带了这么多钱的顾客。

顾客也不说还价，反正我就只带了这么多钱，能卖就卖，不能卖就拉倒。

(3) 单字回答的顾客。

店员从八个角度列举了产品的八大特点、五大优势，结果顾客听完之后，就回了一个字："哦……"

(4) 当店员强调品牌的知名度时，直接说商品为什么贵的顾客。

顾客说："知道这个牌子为什么卖得这么贵吗？就是广告打多了，广告费都加进去了。”

（5）店员强调企业的生产历史。

顾客不吃这一套，也不认为这就能代表产品品质，甚至还会认为老厂家思想落后，不如新厂家有创新能力。

（6）顾客之间意见不统一。

同时进来的几个顾客，购买意见却不统一，互相争论。店员觉得很尴尬，帮谁说都不对，搞不好还得罪人。

（7）恶意退货的顾客。

产品本身没什么问题，反正就是找各类歪理由来退货，不退就大吵大闹，声称要打官司。

（8）多要赠品的顾客。

本来店里的赠品只是表达一下心意，但有些顾客却没完没了，非得多要，或是超级别地要赠品，甚至说不给就不买了。

（9）与顾客一起来的人在捣乱。

有些顾客会带个朋友、熟人一起来购物，但是，顾客带来的朋友、熟人却可能成为搅局者，各种添乱、各种干扰，甚至直接把顾客拖走。

（10）装内行的顾客。

强调自己是非常懂行的，还会冒几句专业术语出来，自以为是，对店员介绍的一些产品数据和特点不以为然。

（11）脑子不清醒的顾客。

也就是脑子不好的，刚进店也许没看出来，后来才发现，沟通了半天白说了。

（12）摆谱的顾客。

认为自己什么都知道、什么都懂、什么人都认识、见过大世面，进店先自我吹捧一番，简直就是钦差大臣进了店。

（13）很客气的顾客。

有些顾客则很客气，也很有礼貌，店员说什么顾客都说好，全程礼貌有加，反正就是不买。

（14）突然掉头走的顾客。

有些顾客进店后本来自己看得好好的，店员迎上去打个招呼，没想到顾客掉头就走。

（15）最后环节变卦的顾客。

产品选好了，价格谈好了，就差交钱买单了，就在最后一个环节，顾客突然变卦了，说要回家再请示一下，或说到其他家看看再定。

（16）油盐不进的顾客。

这类顾客进店之后，什么话都不说，店员问也不说，若是问急了，顾客最多回一句“我先看看”。

当然了，进店的非正常顾客远不止这几类，还有更多奇葩的，没办法，毕竟开门做生意，我们对进店顾客没有选择权，只能提前知晓，做到心中有数。

第四章

卖高端产品的重点（三）

——人事管理的升级

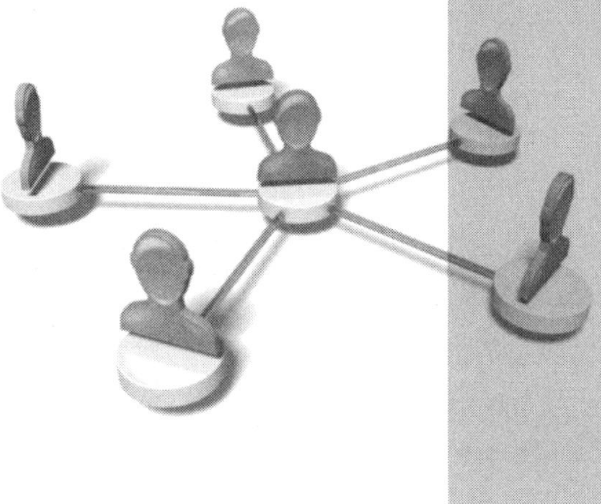

一、门店里最宝贵的资源是什么

店里什么最宝贵？

（1）客户资源？

（2）品牌？

（3）地段？

（4）口碑？

比这些更重要的是：有趣的店员。

因为销售工作更多的是店员的人为力量在推动。尤其是高端产品的销售，顾客对价格的敏感度低，但对服务的要求高，服务质量往往决定顾客最终的成交率，以及回头客的数量。

道理大家都明白，强调抓服务的店家也越来越多，诸如对顾客保持全程微笑，买不买都客客气气，所以，精细化服务和增值服务迟早都会成为标配。不过，有些店家发现，服务工作该做的也做了，投入也不少，可顾客还是不怎么买账啊。

切换到顾客的角度来看这个问题。一般来说，顾客的消费能力越强，所接触到的各类优质服务就越多。有钱人随便去家什么店，看到的都是笑脸和周到的服务，服务工作一旦同质化，也就不稀奇了。

若是店员在做好服务工作的基础上还能有趣，这就有意思了。那么，什么是有趣？

（1）在顾客进店时，能精准地看到顾客的心情，对应地调整表情和欢迎话术，该开玩笑开玩笑，该严肃严肃，有时候也会表情严肃地给顾客端杯水过来，或是适时地给顾客拿盒抽纸。

（2）没有咄咄逼人的推销话术，而是更多地让顾客自己看，自己动手试一试，鼓励顾客亲身体验新产品的性能优点。

（3）通俗易懂地介绍产品特点，而不是机械地背诵产品话术。

（4）高水平地拍马屁。

（5）能迅速识别顾客想释放出来的炫耀点，并有对应的夸赞。

（6）给赠品或是沟通价格时很爽气，不会婆婆妈妈。

（7）敢于说产品存在的缺点，很坦荡。

整体沟通过程轻松愉快，购物感觉良好，且不说买不买东西，这心情愉悦，收获面子是有了。

若是店里的店员都是有趣的店员，哪怕只有一两个有趣的店员，对生意的推动也是大有帮助的。所以，现在需要的不仅仅是有服务意识的店员，更要是有趣的店员。

新的问题又来了，去哪里找这些有趣的店员？毕竟，天生性格开朗又聪明且会说话的人太少，看来只有自己培养了，技术方法可以学习，心态可以调整，人也是可以被改变的。不过，这又涉及一个培养成本的问题，尤其是时间成本，若是花上三五年的时间才能培养出一个有趣的店员，这老板可受不了。

有趣的店员很重要，但比有趣的店员更重要的是能迅速培养出有趣的店员的培养体系，能实现批量化的培养产出能力。

不是专门去找有趣的店员，而是普通店员入职后，经过相关的系统培养，可以在短时间内成为有趣的店员。这套培养体系，包括的基本内容有：

（1）前期的招聘机制，从现招现用，升级为先接触、先磨合、先储备，再入职。

（2）入职之后接受抗打击训练，提高店员的心理承受能力。

（3）完整的技术教学系统，实现销售问题的全覆盖。

（4）对新生问题的主动研究，并及时增补到技术教学系统中。

（5）教学过程中的轻松化，学得轻松才会用得轻松。

（6）相关教学过程有逻辑关系和次序排列。

（7）劳资关系和同事关系轻松，且有内部服务机制。

（8）安排跨行业参观学习，尤其是高端消费场所的观摩学习，见世面长见识。

（9）有尽职负责且有水平的带岗人，能亲身示范指导。

（10）各类设备工具配置齐全，后台系统能提供一定的支撑能力。

若是具备这样一套快速培养机制，可实现对店员的批量化模块化培养，同时也不一定苛求留人，走了也没关系，反正后续可以源源不断地培养出来。

再有，这套培养体系的建立，对增开新店（增补人手）、跨行业发展（若人能“卖”掉，那什么货都能卖掉），乃至整店转让时的溢价，都是大有裨益的。

二、因为人复杂，所以管理体系要更复杂

成于经营但败于管理的案例实在是太多了。败于管理是因为轻视管理，觉得管理很简单，各类管理措施都知道，再说了，以前没有这些管理，还不照样把生意做起来了。

管理就是管人，觉得管理简单的，也就是把人看简单了，诸如：

（1）老板觉得自己是个简单的人，也不想把别人想得太复杂。

（2）当前的手下，老板觉得自己对他们太了解了，是可以完全掌控的，有些还是亲朋好友，更是没问题。

（3）老板觉得员工来打工，不就是来挣钱的吗？钱给到位、面子给足就行了，还能出什么问题？

（4）甚至，有些老板不但给员工分钱，连股份都能给，这还不行吗？

客观来说，内部人事管理要比外部的经营工作复杂多了。因为劳资之间的关系，远比公司与客户之间的关系复杂：

（1）老板也许自己简单，但不代表员工也简单。

（2）员工本人也许是简单的，但员工身边也许有若干聪明人，不断给员工算账，把员工的心越算越乱。

（3）员工是人不是机器，来公司上班，要的不仅是钱，还有别的。

（4）也许今天大家可以用最简单的方式来合作，但不代表明天也可以持续这样。

创业起步的时候，是经营带管理，但做到一定规模之后，就得是管理带经营。管理就是管人，管人首先就得了解人。人一般有以下几个特征：

（1）几乎每个人都是主观的，都是站在自己的角度看待事物、看待别人的。

（2）出了问题，大家都不肯认错，本能是回避或推卸，反复强调与自己无关。

（3）人都有惰性，会给自己找出一万多个懒惰的理由。

（4）贪婪，永远无法满足。拿了工资要奖金，给了奖金要股份，给了股份又想要更多的股份，同时又不想承担股东的责任。

（5）人的伪装性。老板所看到的顺从、忠诚、有责任心等，也许只是装出来的。毕竟，看人只能看到外表，心里是怎么想的，谁也不知道。

（6）喜欢人比人，并且往上比不往下比。员工动辄说工资少，往往也是比较出来的。

（7）面子有时候比钱重要。麻烦的是，面子无法量化，甚至，劳资双方对什么是面子的看法也不一样。

（8）多变，人是会变的。今年的状态不能代表明年的状态，甚至今天的状态也不能代表明天的状态。新员工刚来时不都挺好的吗，怎么后来一个个都变了呢？

总体而言，人是复杂的。

人的复杂是固然的，生意运营又需要人，所以，在管理体系的设计中，就得把人的复杂性考虑进去，并进行主动包容。具体是包容这两点：

（1）从新员工入职到员工离职，员工在这其中有可能会经历很多事情，全部都列出来，并有对应的标准流程和应对措施。员工能想到的，管理体系里要有，员工没有想到的，管理体系里也要有。

例如入职流程、职业发展规划、岗位安排、岗位工作范畴、因公费用报销标准、在职学习、工作规划、工作状态的透明化、晋升、调动、轮岗、工资待遇、考核、合理化建议、员工平衡、监督、离职流程等。

（2）对于员工有可能出现的各类负面状况，也提前罗列出来，并做好相关的预案和应对处理措施。

诸如老员工排挤新员工，入职后被原单位提起诉讼，内部形成非法小团队，非法兼职，恶意作案，散布负面信息，跳槽到竞争对手公司，举报，里应外合对公司进行敲诈，泄露公司商业秘密，控制客户资源，出问题时推卸责任，忘事或是记错事，员工的膨胀、失落、嫉妒、报复，离职后对当前员工及客户的诋毁。

老板很难去改变一个人，但是，老板可以建立管理体系，通过这个管理体系去引导员工，或是牵制员工。同时，因为人是复杂的，所以这个管理体系就得更复杂，要有足够的包容性。

当然，复杂而全面的人事管理体系，不是一口气就能建成的，这是一个持续增补的过程，甚至是通过事故来修补的。每出一次事故，客观地看，就是一次修补的机会。老板在员工身上吃过的亏，最终都应该体现在管理体系的完善上。

三、员工迟早都是要走的

在离婚率逐年上升的今天，员工的终身制更加不可能。

即便员工一直不走，干到退休，估计老板也是吃不消的，诸如执行力减弱、摆老资格、抗拒创新、排挤新员工、思维僵化、观念老化、人事成本逐年增高……唉，这账算下来，还是走吧。

员工为什么要走？原因有一万多种，研究不过来，研究明白了也没用，解决成本太高。员工要走，硬拦着不让走也不是个办法，扣钱或是不给出离职证明之类的下策更不可取。

只能换个角度看问题，即主观上不指望员工稳定，而是提前考虑员工离职的问题，哪怕员工当前很稳定，也得提前考虑好。

员工要走，会涉及的事情一般有这些：

1. 谁提出的

（1）老板主动提出的，这是解聘。

（2）员工主动提出的，这是辞职。

2. 是否有规划

（1）劳资双方提前有规划的，约定在职时间，到时候走人。

（2）压根没想这么多，员工突然提出辞职，甚至是不辞而别。

3. 是送出去还是扔出去

（1）被老板扔出去的？也就是不管了。

（2）被老板送出去的？也就是老板给介绍推荐，还能做个举荐担保之类。

4. 什么状态下离开公司的

（1）双方拍桌子，不欢而散、恩断义绝。

（2）大家客客气气地告别，老板还能安排一个欢送宴什么的。

5. 是否有交接

（1）有。有清晰的交接流程说明。

（2）没有。员工离职的时候，把手头主要的事情交接一下，当时没想起来的事情只能是后期再说了。当然，届时还能否找到人就另当别论了。

6. 交接单什么时候给员工

（1）等员工提出离职时再给，不过，这个时候员工已经急着要走，一下子列出一个复杂的离职交接单出来，估计员工是没心情逐一执行下去的，甚至认为这是老板在故意刁难自己。

（2）员工一入职就给，提前给员工，让员工心里清楚，若是要离职，提前即可做好准备，便于到时候高效快速地交接，大家都不耽误。

7. 是否给员工留了回头路

（1）坚决不留，走了就不让回来了。

（2）没事，可以再回来。年轻人出去闯一闯，闯出点名堂来最好，要是实在不行，再回来就是了。当然，出于安全的考虑，员工在离职的时候要把交接工作做好，这也是给自己留条退路。

8．员工的工作进程是否透明

（1）不透明。各类工作推进到什么程度，只有员工自己心里清楚，别人不知道，万一离职，别人接手就非常麻烦。

（2）透明。每个员工的工作目标、推进规划、实际推进情况都是透明化的，所有人都能一目了然地看到，即便突发离职，接手的员工也能迅速知晓情况。

9．员工在工作中所使用的通信工具是谁的

通信工具指的是手机号、微信、QQ、电子邮箱等，主要用于与外部客户联系往来。

（1）都是员工个人所有，一旦离职，就全部带走了，没准把所维系的客户也带走了。

（2）若都是公司所有，员工离职就带不走，公司直接转给后续接手员工即可。

10．是否有应急替补岗位的设计

（1）没有，临时抓员工过来顶替一下，或是赶紧再招人。

（2）给每个岗位都设置 AB 岗，万一出现突发性离职，可以迅速调 B 岗员工过来接手。

11．对离职员工的谈论

员工在离职之后，公司内部肯定会对这个离职员工有所议论，同时，老板也要给大家一个解释或是交代。这里有两种不同的表述：

（1）作为负面教材，老板直接说明为什么开除这个员工。老板的意思是公司不能容忍这样的员工，大家要引以为戒，以后也要离这种人远一点。不过，离职员工与当前的在职员工多少会有些接触，一旦听到老板的负面

评论，离职员工心里自然非常不爽，接下来必然会在当前员工面前大放厥词，对老板各种污蔑，还会积极劝当前员工早点离职。

（2）老板在当前员工面前，对离职员工只做正面肯定，给离职员工留足面子。这样的话，当前员工心里既知道离职员工为什么走，也知道这是老板在维护离职员工的面子，说明这个老板做人还是挺大气的。若这时再听到离职员工对老板大放厥词，在职员工心里就会产生反感：老板在背后都没有说你一句坏话，给你留足面子，你反而在背后这么说老板，实在是品性太差。这样，就在一定程度上避免了离职员工对现有员工的“污染”。

四、砍掉员工工作积极性的13把刀

新员工刚来的时候都挺好的，虽然工作效率不高、业绩不多，但至少工作态度还是不错的，积极向上、愿意学习、执行力也不错。不过，好景不长，干着干着就不行了，状态开始消极，牢骚话也多了起来，执行力持续下降，甚至会变得越来越油滑，到最后，要么日复一日地混日子，要么一走了之。

人的变化不会是无缘无故的，背后必定有原因，要么是员工自身的主观性因素，要么是外部的客观性因素。当然，从责任的角度来说，作为管理方（公司老板），要更多地承担客观性因素，毕竟员工是在你的管理之下出现了这样的状态。

导致员工工作积极性下降的背后，不是单一因素，而是多个因素在共同作用。那么，抛开个性因素，抛开员工自身的主观性因素，员工究竟经历了哪些事情，才会导致工作积极性下降呢？

1. 入职审查

若招来的员工，本身胚子就是歪的，后期再怎么引导也没用。所以，在确定录取新员工之前，务必进行入职审查，包括个人信息的真实性、是否涉及司法案底和债务纠纷，以及在原来单位的真实离职原因，离职手续是否办理完毕、能否提供证明人等，都要进行逐一审查，首先要从源头上确保这个员工是符合基本安全性的。

2. 进公司的目标

员工为什么要来上班？为了一份工作？为了钱？绝大多数老板都是这么想的，所以在管理和考核激励机制上，也是以工作和经济收入作为标尺，要么是工作岗位的晋升或是降级，要么是经济收入的多与少。

可是，能在主观上确定所有员工都是为了钱来上班的吗？也许有员工来上班是为了消磨时间、有员工是为了照顾家庭、有员工是为了兴趣爱好、有员工是为了过渡、有员工是为了学习和提前筹备资源，甚至有员工只是为了有更加轻松的工作状态。

那么，要不要在员工面试阶段把这个问题搞清楚呢？如此，在今后的管理性质、岗位安排、考核标尺、在职时长规划、激励模式等方面，是否需要更有针对性呢？

3. 面试时的期望值太高

在面试阶段，老板和新员工为了给对方好印象，往往都会过度包装自己。老板会说自己有多大方，公司当前状态有多好，未来前景多宏大。员工会说自己有多么优秀，态度有多么积极，执行力有多么强，以前的业绩有多好，等等。大家都在哄对方开心，双方对对方的期望值都很高，结果正式入职后，员工发现老板并没有那么大方，公司的实际运营情况也没有那么好，老板也发现这个新员工的执行力没那么强，经验也不是那么丰富，双方都出现落差感，甚至感觉自己被忽悠了，心里自然不爽。

4. 老员工排挤或是忽悠

也许是恶意的攻击，也许是无意的玩笑，老员工对新员工多少会有些排挤行为，这些排挤行为必然会直接影响到新员工的工作积极性。问题是老板对此并没有多重视，也没有对应的预防和引导措施，结果好不容易在外面招的新人，没几天就被老员工们赶走了。

5. 薪资行情

钱没有绝对的多与少，都是相对的多与少，在设定工资标尺时，老板一般会参考一下当地的薪资行情，以均值为主。员工也会各种打听，当然这打听来的结果自然是有高有低。不过，员工一般不会取均值，而是就高不就低，这就导致劳资双方在工资基数和收入额度方面出现认定偏差。

6. 岗位说明不清晰

岗位说明书虽然是一个比较基本的管理工具，但大多数公司都没有做真正意义上的岗位说明书，也就是没有把每个员工的工作范畴、责任等级、工作密度及强度等标志清楚说明。这样在实际工作中，很容易导致进行工作分配时出现扯皮的情况（尤其是偶发性工作），员工往往认为老板给自己增加工作量可又没加钱，在收入没有增加的情况下，员工要么推诿，要么降低工作质量。

7. 老板无意的得罪

得罪员工、损伤员工的面子和情绪，会直接影响员工的工作积极性，这个道理老板都明白，所以，很少老板会有意得罪员工。不过，在无意中，老板却干过不少得罪员工的事情，甚至还天天做这样的事情。当然，站在老板自己的角度，并不觉得这是得罪人，甚至还认为这都是为员工好，诸如当众表扬员工、安排员工宿舍、安排员工长途旅游、工资里面设置全勤奖或是工龄工资等。

8. 老板的信誉

“好好干，以后不会让你吃亏的。”这句话很多老板都挂在嘴边，认为这就是激励员工了，在老板看来，自己在员工面前是有信誉的，说出来的话是可信的。可是，员工不一定都会认为老板是有信誉的。不是老板不注重自己的信誉，而是经常因为记性不好等因素，把答应员工的小事情给忘了，例如员工给老板代垫了一次盒饭钱，但老板后来忘记了，员工又不好意思开口，这类事情虽然不大，但两次三番之后，老板的信誉也就崩塌了。

9. 工作本身的重复与乏味

在老板看来，已经能胜任某项工作的员工就是熟手了，最好稳定在这个岗位上，持续发挥工作效能，并没有引导员工对工作的创新，安排员工接触新领域、新高度、新行业，也没有安排轮岗，反正就是重复重复再重复。但在员工看来，这重复性的工作，日复一日地做，兴趣丧失殆尽，自然没什么意思。

10. 公司后台的支持

业务员在外面跑业务，需要公司后台部门的大力支持和配合，诸如车辆配送、仓库备货、财务票据和兑付、客户资料和市场数据的提供等，可有些公司并没有考虑到后台对前台岗位的支持功能，导致业务人员在市场争抢到的生意，回到公司里却遇到后台部门的种种不配合、不支持，甚至有些后台部门还把自己当大爷、当领导，提出各种高要求，伤了员工的心。

11. 未来的发展方向

水往低处流，人往高处走，员工今天的动力，往往来自对明天的希望。

对明天的希望，则是通过目标设定、阶段划分、逐步推进、定期回顾等具体操作来体现的，价值点分别体现在职务晋升、收入晋升、身价提升或是与公司的合作方式提升（例如从雇佣关系提升到股份关系）等方面。

这些内容，一般是通过职业发展规划来体现的，问题是有多少公司会为员工做职业发展规划呢？没有给员工一个清晰的未来发展目标和具体的发展路径，员工还能对明天有希望吗？

12．历史遗留问题的影响

每家公司多少都会有些历史遗留问题，有外部的市场经营问题，或是内部的管理问题，这些遗留下来的问题一直没有得到解决，持续地起着负面作用。尤其是在外部客户那里的遗留问题，对新接手的业务人员来说，是个非常直接的负面打击。

13．个人职业技术的学习

员工的问题，简单点来说，也就两个问题：要么是不会做，要么是不想做。不会做，也就是技术问题，新员工进公司后，没有进行系统的专业培训，只是老员工进行带岗，也就是传帮带，这种做法虽然简单，看起来成本也很低，但是实际效果非常差，基本上可以用一代不如一代来形容这种传帮带的培养效果。

员工一直没有得到系统的专业培训，职业技术无法提升，工作效率自然就不高，有问题解决不了，业绩低导致收入低，收入低又导致工作信心丧失，最终进入恶性循环。

若是外部培训成本高，那么，简单的内训机制总要有吧。

归根结底，员工的工作状态是公司管理体系效能的直接体现，员工工作状态差，必然是公司的管理体系出问题了，在这种情况下更换员工，或是采取简单的激励措施，是无法解决问题的。只有将这些影响员工积极性的因素一个个清理出来，并且一个个解决掉，才是靠谱的。

五、你的店员能做高端产品吗

到处都在说消费升级，有钱的顾客多，敢花钱的顾客更多，厂家自然也打算趁机优化产品结构，也就是增加高端产品的占比。

多卖高端产品有什么好处，这里就不赘述了。卖产品这份工作，还得由终端的店员来承担。毕竟，店员是与顾客直接打交道的，是最终促使其成交的。高端产品能否卖得好，与店员自身的综合水平有着非常大的关系。

那么，当前的店员能卖得好高端产品吗？

1. 形象仪表

这个最直观，不是说非要店员长得多么好看、身材多么好，但最起码得要匹配吧。从形象仪表到气质，乃至年龄段，与这个高端产品的“高”要做到基本配套。

2. 熟悉产品

这是做销售的基本功，自己对所负责售卖的产品当然要熟悉。从原料到生产、从工艺到功能都要背熟，至少要有半个产品专家的程度。与顾客沟通产品方面的情况时，要对产品了然于胸。

3. 了解高端顾客

高端产品对应的是高端顾客。高端顾客的“高”，也许是体现在购买能力上，也许是体现在购买意识上。再说了，高端顾客不一定是有钱人，而是肯在店里花钱的人。

有钱人与普通顾客在购物行为取向方面，还是存在一些差异的。传统的那些打折、特价、送赠品的套路，也许对普通顾客有效，但对有钱人不但没用，甚至还会起反作用，会被见过大世面的有钱人认为很低级，是糊弄一般顾客的，在我面前还玩这些低级套路，很显然是不够尊重我，把我与那些普通人混为一谈了。

不但要了解有钱人自身的基本特征，还要了解这些有钱人经常出入的场所，了解这些场所针对有钱人的各类服务措施。诸如各类高级酒店、会所、餐厅等，非常有必要带店员去现场体验一下，从进门的欢迎语到送杯水上来，具体有哪些细节上的特点。这些特点，也就是有钱人非常熟悉的被服务模式。

4. 店员会不会用自己的消费观来衡量产品

店员收入有限，购买力也有限。对于自己所售卖的高端产品，也许有的店员会认为，我自己肯定是不会买的，并以此来推断这个产品是卖不掉的。

5. 抗打击能力

高端顾客脾气大，面对店员的态度和语言也许没那么和善，甚至会说一些硬话和粗话。同时，高端产品的推销成功率相对较低。这些因素综合起来，对店员的自信心会造成一定的打击。那么，店员能承受得了吗？

6. 销售技术

就是具体怎么卖产品的技术。包括对进店顾客的识别、接待、沟通等。尤其是这个识别技术，毕竟，“有钱人”三个字不会写在顾客的脸上，但是可以通过一些外在的信息来判断识别。例如顾客的包、手表、眼镜、腰带、服装等，看是什么牌子的、品牌的档次如何、大概是什么价位的，甚至牵的一条狗，也要看是什么品种，大概值多少钱。对这些奢侈品的识别技术，就成为店员在卖高端产品时需要具备的基本功了。

7. 主观意愿

即店员在主观上愿不愿意卖这个高端产品。若是不愿卖，也许与产品和技术无关，而是因为对这份工作本身没兴趣，对公司、对老板缺乏信任，觉得工资待遇太低，或是有历史遗留问题没得到解决等。在情绪上有些不爽，压根就没有兴趣和心情来研究这个高端产品怎么卖。

8. 接待用品的高端化

顾客进店之后，所涉及的一些具体服务接待用品，诸如水杯、饮品、纸巾、打火机、烟缸、桌椅、资料袋等，在成本可控的前提下，就要提升档次和品牌了，至少要与高端产品相匹配，同时，这也是迎合高端顾客在其他高消费场所的使用习惯。

9. 店员自身的被服务

高端产品的销售，服务态度比产品介绍更重要，要想店员很好地服务顾客，前提就是店员要先享受到被服务的感觉。诸如在工作环境和生活设施的添置方面，老板就得有所考虑了，并且有些本该让店员做的工作也可以外包出去，让店员享受一下被服务的感觉。例如门店的深度清洁、全面盘点、外卖订餐、店员娱乐等。

总而言之，高端市场大家都想做，也有足够大的空间。可是，高端产品的具体销售工作是由最基层的店员来做的，那么，就需要全面评估一下，当前的店员与高端产品是否匹配了。缺乏什么？该怎么弥补？

六、高提成能刺激店员卖高端产品吗

在老板看来，员工的提升空间肯定是有的。当然，这需要一定的外部作用力来驱动，诸如考核压力、激励措施等。

在高端产品的推广阶段，为了鼓励店员多卖高端产品，最简单的办法就是针对高端产品给出更高的提成奖金，诸如老产品是一个点的提成，高端产品就给到两个点的提成。按说，店员应该更有兴趣积极卖高端产品才是，但是，实际效果却没有这么好，店员对高端产品并没有特别的销售兴趣，该卖老产品的还是卖老产品。

为什么会这样？难道店员不想拿更多的钱吗？虽然老板也会追问下去，但店员的回复往往是高端产品价格太高、产品品牌知名度低、客户不要、市场行情不好等客观因素。那么真的是店员说出来的这些原因吗？

真实的情况往往是这样的：

（1）听到老板说这个高端产品有更高的提成时，店员的第一反应往往是：这个高端产品肯定不好卖，如果好卖的话，老板才没这么傻呢，提成的额度与产品的销售能力肯定是成正比例关系的。

（2）进行对比，对比其他公司在高端产品方面的提成奖金行情。当然，这对比下来肯定是有高有低，不过店员肯定是就高不就低，觉得咱们店里这个高端产品提成其实也不高的，你看××店里给×点的提成呢。

（3）既然能给店员开出这么高的提成，说明这个高端产品的利润空间是很大的，也就是说，老板赚得更多。这时有些店员心里就不平衡了，觉得老板拿大头，我们才拿点小零头，于是干脆不卖，大家都赚不成。

（4）高端产品具体怎么卖，这是一个技术问题，包括具体的销售方法、销售话术、销售策略、可能会遇到的问题、应该怎么面对和解决问题等，这些都需要进行提前的培训和演练，可是有些老板只是设置了奖励标准，却没有对应的技术辅导措施，导致店员在销售高端产品的过程中，因为缺乏技术或是被顾客打击，失去销售信心。

（5）有人真的拿到这高端产品的奖金了吗？拿到了多少？若是没有标杆作为证明，谁知道这个高端产品能不能卖掉，以及奖金究竟能拿到多少。

（6）与老板有积怨，主观上抵触老板所宣扬的一切事情，可能是老板前期无意中得罪过店员，也有可能是老板本身存在诚信问题，店员不相信老板，甚至怨恨老板。在这种情况下，店员怎么会有心思帮老板卖高端产品呢？

（7）新产品与老产品之间的关系。在有些店员看来，卖高端产品很费事，至少要费很多口舌，不如卖老产品省事。毕竟店员做事的导向是越简单越好，再说了，与其在高端产品上耗费精力，又不确定成效，不如多卖点老产品好了，反正最终的收入也不受多大的影响。

（8）也许，店员之所以对这个高端产品的奖金没有兴趣，是其个人收入已经不在产品销售层面了，而是在其他方面了，例如贪污费用、伪造票据、截留促销资源、货物报损，甚至自己夹带私货等，这就比较危险了。到了这个阶段，老板所给予的那点奖金，也就不可能提起店员的兴趣了。

（9）最后一点，当老板的，若还是坚持认为店员为了多拿钱，就会勤奋工作，则说明这个老板的思维已经与店员不在一个频道上了。在老板看来，为了多赚钱，必然要先付出，多吃苦；但店员可不这么认为，之所以选择打工，之所以一直是这种状态，就是因为不想吃苦，也不想先付出，怕吃亏，怕后期没有相应的回报。要是能吃苦的话，早就升职了，或是自己当老板去了。当然了，钱嘛，谁都喜欢，只是老板知道要先投入、多吃苦才有回报，而店员则更多地是想轻轻松松就把钱赚了。

七、店员卖高端产品时的心理障碍

店员做不好高端产品的销售，有些时候是因为存在一定的自我心理障碍。

也就是自己给自己设限，主观上认定这个高端产品是卖不掉的，在实际推销过程中遇到些困难，便会形成负面的叠加效应，于是更加坚信这个高端产品不好卖了。

那么，店员在销售高端产品时所出现的自我心理障碍，究竟是由哪些因素导致的呢？

1．主观上觉得不好卖

几乎每个人都是按照自己的阅历、经验来判断新生事物的，店员也会基于自己的销售经验，来对新产品进行判断，若是觉得新产品本身没有具备畅销的相关特质，再加上价格高高在上，便会主观地判定这个产品不好卖。

工作多年的老店员，往往已经进入经验重复的状态，形成自我封闭，判断标尺已经固化，一旦产品的概念和价位超出其习惯的模式和区间，主观上便开始抵触。所以，新产品尤其是高端新产品，原则上可更多地让新店员来做。

2．喜欢好卖的产品

同样是卖货，老板和店员的出发点是不一样的，老板要综合销量和利润率，而店员则更多地看重是好卖还是不好卖。

什么是好卖的？品牌大、价格优惠、促销活动力度大、已经有稳定的消费群体、已经实现了消费者指名购买，有这些因素打底，这销售做起来自然是要轻松很多。不过，高端产品由于价格高，加之还没有形成稳定的消费者群体，自然就是“不好卖”了。大多数店员，在工作中没有那么多的进取拼搏精神，宁可少拿钱，也不想吃太多苦，同样也不想费太多脑子，都希望工作尽量简单一点、省事一点。

有主动挑战精神且会迎难而上的店员，是非常少的，若遇到，切莫浪费，赶紧将其作为高端产品的销售主力来对待。

3. 用自己的消费观来衡量顾客

店员自己也是顾客，在看待产品时往往也会将自己代入到顾客的角色中，也就是用自己的消费观来衡量这个高端产品，看自己会不会买。

当然了，每个人的消费观与其家庭背景、教育水平，乃至收入能力有着直接的关系，大多数的店员收入一般，消费能力自然就高不到哪里去，本身也许不是高端产品的顾客，自然也就形成对高端产品的距离感。

在这个问题上，可在高端产品刚上市时，考虑对店员进行配发，或是给予其内部购买的特惠价，让店员亲身感受高端产品的实际效果，同时也能缩短店员与高端产品之间的距离。

4. 对高端顾客有距离感

高端产品主要卖给高端顾客，店员自身收入水平较低，面对这些财大气粗的有钱人，主观上觉得难打交道、有距离感、不愿意接近，更不想去研究这些有钱人的生活方式和消费特点，也就难以把握针对高端顾客的沟通技术。

在这个问题上，可考虑对店员做两个方面的引导：

（1）什么才是高端顾客？不一定是有钱的，而是敢花钱的。什么人敢花钱？要么是钱多，要么是心情好，要么是容易被别人劝。

（2）可安排店员进入一些高端消费场所，近距离观察这些高端顾客的行为特征，以及高端消费场所的服务方式与特点。

5. 觉得精力上不合算

相对来说，卖中低端产品比较省力气，而高端产品则要介绍说明一大堆，且最终成交率也不高，同样的精力付出，还不如去多卖中低端产品，反正最终算下来，销售奖金也不会少多少。

在店员的销售奖金设置上，可考虑进行硬性关联，即分别设定高端产品和常规产品的销量指标，若是高端产品的销售任务没有完成，会连带影响常规产品的奖金。这就倒逼着店员必须完成高端产品的销量，不然的话，常规产品卖得再多，奖金也会受到影响。

6. 抗打击能力弱

高端产品的成交率低，顾客总是说“不要！不要！！不要！！！太贵了！太贵了！！太贵了！！！”，这种话听多了，店员自然备受打击，心里没底了，也就没有勇气继续推销了。

高端产品必然会面对更多的拒绝，从管理的角度来说，这种拒绝应该是预知的，并且要提前考虑到店员可能会面临的各种否定和打击，以及对店员情绪产生的负面影响。当然，我们无法控制顾客的行为和语言，但可以提前提升店员的抗打击能力，即店员对各种拒绝否定的熟悉和承受能力。在这个方面，可将美容美发行业的路边晨练和保险公司新进业务人员的勇气突破训练作为参考，旨在短期内培养店员的心理抗打击能力，在面对一次又一次的拒绝时，还能有信心面对下一位顾客。

八、店员服务水平的系统化提升

市场经济的核心就是产品多，不但产品多了，而且同质化还越来越严重；不但产品同质化，品牌和营销活动也开始同质化了。

产品多了，再加上同质化，必然导致竞争加剧。传统的价格竞争作用力有限，且只能针对价格敏感度较高的中低端客户，面对高端客户，必然要加大在服务层面的竞争力度。

设定服务标准并不复杂，问题是店员能否有效地去执行。一般来说，越是基层员工，服务意识就越弱，主观上并不想做好服务工作，自然也就没有兴趣学习掌握相关的服务技术，即便学习了，也不想落实在实际工作中，这就导致老板年年喊着要加强服务质量，而身处销售一线的店员却依然我行我素。

按说，提升服务水平、提高顾客满意度，是经营活动的主题之一，也是有力的竞争手段。但是，提升一线店员的服务水平，并不是领导发布要求，大会小会强调一下，或是喊喊口号就能实现的，也不是一蹴而就的。这是一项系统工程，需要多方面因素的共同作用，并且还得分步骤地导入。

一般来说，服务质量的最终提升，相关的配套因素如下：

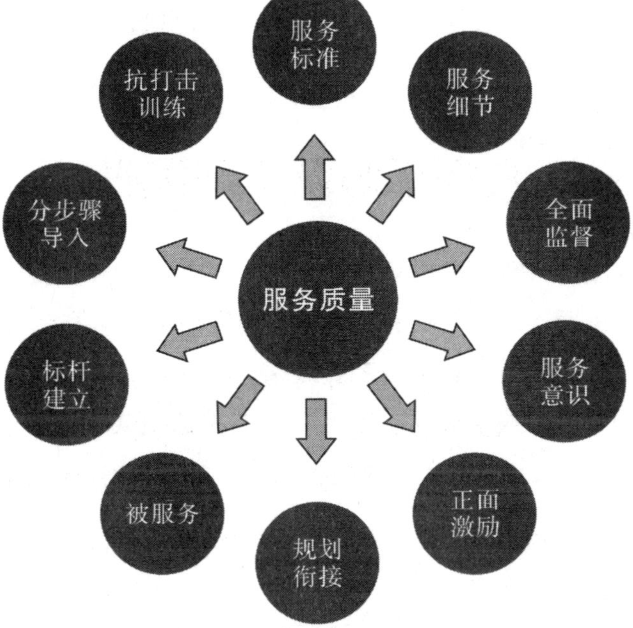

这里逐条说明一下：

1. 服务标准

这个简单，就是老板提出明确要求，要求对顾客服务到什么程度，也许店员当前做不到，但没关系，先设定标准，再来逐步推进。但这个标准设定切忌含糊笼统。

2. 被服务

要想店员服务好顾客，先得服务好店员，尤其是在生活层面，若是店员自己都没感受到什么叫服务，且对老板有一肚子怨气，哪还有心思服务顾客呢？同时，通过这个被服务，也开始初步引导店员的服务意识。

3. 规划衔接

店员做好服务工作，对自己的未来发展有什么好处呢？人是愿意为了自己的希望而努力的，前提是要明确希望所在，并规划好当前通向未来希望的具体路径。这就需要老板为店员做好职业规划设定，将服务因素设置在其中，也就是说明做好当前的服务工作，与未来的薪资和岗位晋升存在什么样的关系。

4. 抗打击训练

店员不肯服务顾客，也许是因为受到过打击，有些顾客的确比较刁钻，不讲道理，人品低劣，甚至脑子不清醒，确实伤害了店员的工作热情，导致店员失去服务顾客的积极性。客观来说，在顾客群体中肯定有些低劣的顾客，作为老板，没有办法要求顾客，只能提前给店员导入抗打击训练，提升店员的心理承受能力，减少这些低劣顾客对店员的负面影响。

5. 分步骤导入

直接要求店员用高标准来服务顾客，难度未免有点大了，可从循序渐进的角度出发，先从“不得罪人”这个层面开始，要求店员不要得罪顾客，当然，这主要是无意中对顾客的得罪，诸如表情、肢体动作、讲话、特定行为等。

先做到不得罪顾客，避免对顾客的情绪损伤，相信这也能对等地收获到顾客的态度改善，顾客的态度改善了，也会反过来推动店员持续提升服务质量的信心。

6. 全面监督

人毕竟没有那么高的自觉性，在提出服务要求之后，还得配套一些监督措施，诸如通过电话回访、神秘顾客、员工配置视频采集设备、问卷调研、现场抽查等形式，保持对店员在服务执行方面的全面监督。

7. 正面激励

店员服务工作做得好，顾客有积极的反馈，那么，对应的好处是什么？

这就要有正面的激励措施来响应了。

8. 标杆建立

一口气要求所有的店员都能提升服务质量这个难度有点大，但建立少数的标杆是可以的。通过标杆的正面作用，再次证明服务的可行性和老板承诺兑现的真实性。

9. 服务细节

最后，在大多数店员已经初步建立服务意识的基础上，再来导入相关的服务技术细节。也就是先解决想不想干的态度问题，再解决会不会干的技术问题。

10. 服务意识

简单来说，这就是一个想不想做好服务工作的态度问题。一般来说，刚入职的店员还是想做好工作的，刚开始也是有热情的，但是在持续的工作中，外部被顾客打击，内部被同事关系和老板打击，于是很快就丧失了工作热情，自然也就难有服务意识了。

所以，要想建立并维持店员的服务意识，老板得要发挥主导作用，在入职初期对店员进行反污染教育，把可能出现的各种问题（外部的和内部的）都提前列出来，让店员提前知晓，有思想准备。通过技术培训来应对外部问题，通过管理优化来改善内部问题，这样内外结合，从整体上建立并维持店员的服务意识。

九、对店员持续导入的基本概念

销售工作其实是在玩心理学，也就是在洗脑，一级一级洗脑，上游厂家给店老板洗脑，店老板给店员洗脑，店员给顾客洗脑。不过，在实际的销售过程中，顾客也会给店员进行反洗脑，诸如：

(1) 你们家东西太贵了，网上多便宜，别家多便宜。

(2) 这个牌子没听说过。

(3) 包装不好看，造型不好看。

(4) 这个产品功能太少。

(5) 赠品太少。

(6) 别家店，别的品牌如何如何优秀。

店员在接待顾客的过程中，每天都会被顾客进行反洗脑，长此以往，店员必然会产生：

(1) 这个东西的确是太贵了。

(2) 这个产品的确不怎么好。

(3) 这个品牌的确没有什么影响力。

(4) 厂家给的促销资源太少。

(5) 电商或是其他门店的确很厉害。

这种反洗脑长期下去，对店员的工作信心的打击是很直接的。当然了，店老板又不能堵住顾客的嘴。那么，就要对店员进行持续的概念导入，在一定程度上抵御顾客对店员的反洗脑，要掌握以下这些基本概念：

1. 顾客的抱怨是正常的

顾客在采购过程中发表各种意见，甚至是各种否定，都是正常的，即便换家门店、换个行业，照样会有这个问题，若是老板所要面临的问题还会更多。再者，嫌货的才是买货的，提出问题，说明顾客有关注、有研究、有购买意向。

2. 顾客说的话是真的吗

哪有那么多真话，若是把顾客说的话都当真话听，生意就不要做了。再说了，顾客说出来的话，真是心里想的吗？

顾客嘴上只会说产品和价格如何如何不好，更多的是借题发挥，根源往往是对服务工作不满。所以，总是听到顾客强调产品和价格问题时，就应该反思一下，这也许是顾客借题发挥，其实是在表达对自己服务的不满。那就得自己检查一下，在顾客进店的响应、接待话术、表情、行为动作、接待措施、对顾客心情状态的识别等方面，是否有没做好的地方，从而惹恼了顾客。

3. 店员存在的价值

为什么需要店员，就是因为产品存在各种各样的问题，诸如价格高、品牌影响力小、产品本身不完美、赠品资源不够丰富，乃至门店位置不是很好等客观原因。店员的存在，就是想通过人为的力量，弥补或是解决这些问题，若产品和品牌本身就很好，价格也很优惠，门店地理位置也好，店员还有存在的必要吗？

4. 不是所有的顾客都是正常人

遇到一些不讲道理的顾客也很正常，也许人家压根就不是正常人。

5. 那些只关心特价的顾客

有些顾客是只看价格的，并且是越便宜越好，这样的顾客实际价值有限，要买也是买低端产品，成交数量有限，产出利润也有限，但牵制消耗的精力往往是最多的。

所以，没有必要在这些只关心特价的顾客身上耗费太多精力。应该将精力放在对高端高价值顾客的研究上，从识别到接待话术、到接待措施等。有些奢侈品的店员，总是一副高傲冷漠的表情，这也是为了驱赶那些买不起，又要看来看去的低端顾客。

十、如何让店员变得有意思

在产品、品牌，乃至服务都开始逐步同质化的市场背景下，顾客不缺物美价廉的商品，一般性的服务措施，顾客也已习以为常了，差异化的体现，更多地要建立在店员身上，也就是人的差异化。差异不一定要体现在店员的服务态度上，在顾客看来，服务态度越来越好也是理所当然的事情，相比之下，一个有意思的店员、一个好玩的店员、一个富有沟通乐趣的店员，才是顾客感兴趣的。相反，毫无生气、毫无乐趣，冰冷、机械、呆板、反应迟缓，甚至得罪顾客的店员，则会让老板损失更多的生意。

产品是死的、价格是没有优势的、品牌是固化的、促销活动是可以复制的，豪华的店面现场环境顾客也见多了，所以只有店里的人才是最有意思的，才是最能体现出差异化所在的。有意思的店员，会让顾客心生好感，话都会多说几句，也愿意在店里多待一会，没准还会冲着这个有意思的店员介绍更多的生意过来。

顾客有需要，老板得有行动。这个有意思的店员，别指望能直接招到现成的，而是要培养。从长远来说，若是能建立一套对店员的特定培养机制，虽然有些投入，但整体上的投入产出比还是合算的。

那么，让店员变得有意思，要从哪几个方面入手呢？

1. 确保不招人厌烦

也就是先确保不要得罪顾客。主要包括这几个方面：

（1）不该说的话不要说。

（2）不该做的事情不要做。

（3）不该出现的肢体动作不要做。

（4）不该出现的表情不要有。

（5）确保无口气。

2. 透明化

所谓透明化，就是在顾客面前呈现出店员的透明化，即让顾客能轻松地一眼看清楚，这是一个什么样的人，这个人有什么脾气、什么特点、知道什么、不知道什么，一切都清清楚楚、一目了然，简单而坦荡，不藏着不掖着，更没有故作神秘，或是装清高、装老实。

人与人之间的交往，每个人都认为自己具备看穿别人的能力，所以最烦对方在自己面前各种装，不如主动一点，主动将自己透明化，全面且清晰地将自己展现在顾客面前。

3. 不怯场

也就是落落大方、轻松自如地面对顾客，说话动作都能很自然，说得高级一点就是有气场。

当然了，这个说出来，对于脸皮普遍比较薄的人来说，要想做到在陌生人面前落落大方，还是有些难度的。所以，老板要进行一定的特定项目历练，诸如内部会议上的发言、心理抗打击训练（美容行业用得比较多）、高级消费场所的亲身体验（组织到 HK 半岛酒店喝下午茶）等，锻炼店员适应群体压力，以及在陌生人面前的抗打击能力。

4．专业底子与轻松演绎

作为店员，具备扎实的专业知识是必需的。但是，专业知识直接说出来，就像大段的背书，枯燥又没趣味，顾客也不喜欢听。

在专业知识的基础上，店员需要具备轻松演绎的表达能力，即将专业知识，通过普通顾客都能听懂的语言和案例表达出来，首先确保顾客有兴趣听且能听得明白。当然了，店员也许不具备轻松演绎的能力，这就要老板费心地进行话术的提炼整理工作，形成话术清单提供给店员。

5．有眼力见儿

这是一句北方话，意思就是观察力很强，眼里有活、心里有事，考虑周到、出手迅速。例如顾客进店了，迅速地打个招呼，帮顾客拿一下行李，给倒杯水，随手给顾客的孩子拿个糖果，顾客落座前给拉出椅子，看到顾客手机没电了及时拿出充电器，顾客临走时给拿上一个小礼物，提前开好门，顾客离店后轻声关门，等等。

这虽然都是一些小型服务措施，但能体现出店员对顾客的观察和快速反应，虽然有些服务措施是要花点小钱，但能换取顾客的满意度、能推动顾客最终购买，也是值得的。

十一、员工的乐趣与温度

生意的成交，是多重因素共同作用的结果。

（1）产品是基础。

（2）品牌和促销活动可引起顾客的注意力，争取吸客进店。

（3）顾客进店之后的留客、沟通，乃至最后的成交，更多地依靠店员的人为因素。

在成与不成之间，店员的人为因素往往起到了主导作用。人为因素的背后，一方面是技术因素，也就是方法论，诸如接待流程、话术、动作标准等。这些问题相对好办，方法可以培训，设备可以购置。

另外一个方面就是店员的工作态度了，这比技术因素更为复杂，在工作态度的背后，涉及：

（1）是否喜欢这份工作？

（2）是否愿意把这份工作做好？

（3）是否能认真遵守既定的规章制度和服务流程？

（4）遇到问题时，是积极想办法还是消极找理由？

（5）是能保持主动学习进步，还是固守老思想？

（6）考虑问题是从自己的主观角度出发，还是能换位思考？

（7）是打算长期稳定做下去，还是随时会走？

以上这些因素，共同决定了店员的工作态度。

在高端顾客看来，价格不是首要考虑的问题，产品功能其实也都差不多，都是花钱，关键是买开心，也就是在购物过程中的体验感受，包括看人是否顺眼、沟通是否顺畅、是否被尊重、说话是否顺耳、面子是否给足了等。当然，这个体验感受主要是基于顾客与店员之间的交往过程中所带来的，这其中的流程与话术，乃至接待动作，也许各家店都差不多，但顾客更多地在乎店员在接待自己时的温度。所谓温度，就是用心的、有热情的、发自内心的，感觉到自己被认真且周全地对待，而不是程式化的欢迎词，不是背诵产品话术，不是机械的被动服务，不是一朵看起来漂亮但却没有芬芳的塑料花。

高端顾客需要有温度的服务，那么，店员如何才能做到这一点呢？动作方法和话术类的比较简单，关键是工作态度。一般来说，只有当店员在工作中感到乐趣的时候，才会认真学习并遵守执行相关的接待标准流程，保持良好的服务态度，才能实现对顾客实施有温度的服务。

那么，店员在什么情况下才会对工作产生乐趣呢？前提是喜欢这份工作。喜欢一份工作是由这些因素构成的：

（1）管理者是个靠谱的人，无论是人格还是做事的态度。

（2）店员喜欢这个团队，愿意和大家在一起共事。

（3）店员认为薪资水平符合行情，考核机制科学合理且透明。

（4）遇到问题时，大家能在一起共同商议想办法。

（5）有清晰的发展规划。

（6）对于自己的进步，管理层和同事都能及时地给予肯定，并在级别和待遇上有所体现，同时，也能看到自己的职业身价在逐步提升。

（7）有些关系特别好且能支持自己工作的老顾客。

（8）有蔑视同行的快感。

（9）能自由请假，不影响自己的生活质量。

（10）学习体系健全，学习方式多样化，学习过程轻松化。

（11）有后台系统的支持，对自己工作的支撑作用明显，不是自己一个人在单枪匹马地战斗。

（12）店里所使用的设备先进，接待服务用品高档且创新元素多，其他店都没有，顾客的满意度评价高。

（13）在搞定顾客的过程中，有乐趣、有成就感、有收获、有进步。

（14）有顾客对自己专业及服务水平的肯定。

若能做到以上这些，店员自然喜欢这份工作，想留在这家店里，想和大家在一起，愿意积极学习，带着热情和用心接待顾客。顾客体会到店员有温度的接待，感受到良好的购物体验后，购买的可能性也就大大提升了。

所以，从逻辑上来说，做好高端产品的销售工作，先得做好对店员的管理工作。把店员当成第一顾客来看待，从多个维度同时着手，做好对店员的服务和技术辅导工作，确保店员对工作、对管理者、对同事等内部因素满意，在此基础上，再培养店员对工作的乐趣。

十二、店长考核办法的局部优化

事在人为，门店的经营绩效更多地依靠人为因素，抓人先抓头，先把店长的职责搞清楚。

作为店长，自然是要扛指标的，并且是首先被考核的。不过，这个考核的设计得是立体的，从多个维度同时发挥作用。从结构上来说，所有的考核必须围绕着一个清晰的核心，也就是先设定门店的年度营业目标，再从这个目标出发，分解出规划、量化出方法，前面有动力、后面有压力。大概的结构如下：

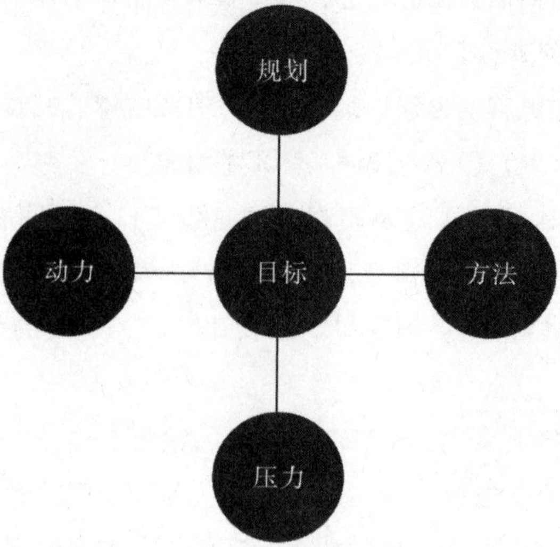

接下来具体说明考核的组成内容：

1. 目标

这个最简单，一句话的事，例如今年的门店销售额目标为300万元。

稍微讲究一点的，可将这个目标进行分类量化，诸如：

（1）产品结构（主要是战略产品、新产品、高端产品的占比）。

（2）成本控制水平及净利润额度。

（3）相对去年的业绩递增率。

（4）老顾客的回头率。

（5）新会员的发展数量。

（6）进店量。

2. 规划

所谓规划，就是对目标进行分解，并划分出对目标达成的支撑性因素，诸如：

（1）设定时间轴线，以季度、月或周为时间单位。

（2）划分模块，例如员工培训、店内环境升级、会员发展、促销推广活动、周边关系建立、大客户回访等。

（3）各个模块的工作，在各时间的分阶段达成目标设定。

（4）需要提前进行筹备的工作，例如大型活动筹备。

（5）需要保持维护或是重复状态的工作。

（6）对于有可能发生的问题，提前进行预案准备，例如客户投诉及消防演练等。

3. 方法

管理工作也好，经营工作也好，都需要大量具体的执行方法，需要对应的职业技术。这些都需要进行量化，固化成执行说明书，例如：

（1）现场管理的量化标准（如门店清洁、物品摆放、商品陈列等）。

（2）对进店顾客的识别。

（3）对顾客的欢迎和接待细节。

（4）基本沟通话术。

（5）产品的介绍话术。

（6）基本的销售策略运用。

（7）老顾客的维护办法。

（8）促销活动的具体执行动作。

4. 动力

现实一点的工作驱动力来自职务晋升、收入提升、荣誉、身价上升。除了常规的经济利益之后，在动力方面，还可做如下激励设定：

（1）销量完成排第一名的店长，可进行奖金翻番（200%），销量完成排第二名的店长，奖金增加50%（150%）。

（2）技术能力优秀的店长，可承接内部的授课工作，每节课给予300～500元不等的讲课费，即承认员工的职业技术能力，也是变相地提升店长的收入。

（3）从单店的店长晋升为区域总店长，除了本店以外，对本区域内的若干门店拥有管理权，并且可提取其他门店业绩额度一定比例作为奖金，随着所辖各店的业绩提升，还可纳入更多的门店到其管理范畴中。

5. 压力

与动力相对应的，就是压力了。

没有压力，便会滋生惰性，不断为自己的退步找理由，并且会带领店员们一起找理由。

压力基于对设定目标的达成情况，尤其是业绩指标，那么，在店长无法达成既定目标时，除了常规的经济扣罚之外，还可导入这些压力措施：

（1）当月业绩完不成的，不一定要扣罚（这样会导致店长产生破罐子破摔的心理，反正也完不成了），可暂停奖金发放，用下个月所产生的业绩先把上个月的业绩缺口补上，再发上个月的奖金。从实质上没有扣罚店长一分钱，只是拖延了发放。当然了，站在店长的角度，一方面是奖金被拖延了，另外一方面，当月先要忙于补上月的业绩缺口，必然又会影响到本月的业绩核算，这逐月拖下去，什么时候才是个头啊，不如在当前发个狠，想方设法完成，尽量避免本月的业绩任务拖到下月再完成，理顺业绩和奖金的核算关系。

（2）若是连续两个月未完成最低业绩指标，或连续两个月都位列各店排名最后一名，则需要将本店纳入其他优秀店长（区域总店长）的管辖范围内，并且要分走一部分业绩奖金，作为给区域总店长的奖金。

（3）若是连续三个月都没有完成最低业绩指标，或连续三个月都位列各店排名最后一名，可考虑降级为普通店员。在店员考核中，又连续三个月只完成最低业绩指标的，可考虑作辞退处理。

十三、高端新产品的专员制

店里新上的高端产品谁来卖？在老板看来，这很简单，当然是所有的店员一起来卖，人多力量大，老板甚至还会给店员下达针对高端新产品的销售任务。

这看起来很正常，但是无论店老板怎么重视，无论专家说什么现在的消费升级，但这店里的高端新产品就是卖不好，甚至会陷入“好卖的不赚钱，赚钱的不好卖”的局面。

高端新产品卖不好，涉及很多内外部因素，这里只分析一点：高端新产品的具体销售承接人设置。

销售承接人，就是谁来具体负责卖这个高端新产品。常规做法是所有店员都要参与、都要负责、都要扛指标，但是：

（1）要所有店员都负责的事情，往往就是所有人都不负责。

（2）目标和压力没有聚焦，都指望别人多承担一些。

（3）高端新产品的销售必然是存在难度的，人的本能是逃避问题，逃避有难度的事情。所以，这店员卖货，与店老板的导向是存在区别的。店老板是从销量和利润的角度来考虑的，而店员则是从好卖与不好卖的角度来考虑的。所谓好卖的，要么是便宜的，要么是熟悉的老产品，在销售的时候比较省力气，不用费那么多口舌，而这两类产品往往也是利润不高的产品。

（4）人与人之间的抱怨是存在趋同性的。当有店员开始抱怨高端新产品不好卖时，众店员往往会趋同附和：对对对，的确不好卖。并且还会举出许多例子来加以分析，佐证这个高端新产品的确不好卖。当大家都在说这个高端新产品不好卖时，每个店员自己心里也就解脱了，压力自然也就小多了：又不是我一个人觉得不好卖，大家都觉得不好卖。

（5）基于人际因素平衡的考虑。有人群的地方就存在江湖，当大家都在说高端新产品不好卖时，即便某个店员有信心、有办法能卖这个高端新产品，但出于同事关系的平衡考虑，也不敢出这个头了：大家都说不好卖，那我也说不好卖得了，免得过于突出，与大家形成对立面。在这种情况下，谁要是特别能卖高端新产品，往往就会成为大家的对头。

（6）虽然店老板也会针对高端新产品给一些特别的奖励政策，但毕竟销售有限，店员实际拿到手的并没有多少。同样的精力，不如放在老产品或是便宜产品上，业绩和收益更有保障。

在这个问题上，店老板可以考虑另外一种方式，即高端新产品在刚导入的阶段，采取专员制：

（1）在高端新产品的导入阶段（前1～2个月），指定某个店员作为高端新产品的销售专员，也就是由这个店员负责高端新产品的销售工作，其他店员可以不涉及高端新产品的销售。当然，这个高端新产品专员不是只卖高端新产品，其他产品仍然要正常销售。

（2）高端新产品的销售奖金，都归这一个高端新产品专员，即便其他店员销售出去的高端新产品，奖金也是归属到高端新产品专员身上。

（3）高端新产品的导入期结束后，再要求所有的店员来承接销售工作。

（4）高端新产品专员并不固定，也许这次由小张承担，下次就由小李承担。

之所以设置这个高端新产品专员，是有这几点因素在其中：

（1）直接体现出对某个店员的认可和信任，尤其是在技术能力方面的认可。都知道高端新产品不好卖，需要更高的销售能力，店老板选择这个店员，说明看好这个店员的综合能力，是出于信任，是抱有希望的。这个因素往往会激励或是压迫这个店员认真学习相关的产品知识和销售技术，毕竟都聚焦在自己一个人身上，没法转移和分担。再说了，这也是一个独立发挥的锻炼机会。

（2）虽然高端新产品的实际销量有限，但奖金若是集中在一个人身上，还是较为可观的。

（3）其他店员不需要承担高端新产品的销售任务，自然是轻松不少，转而对这个高端新产品专员有所同情，言语之间往往有所鼓励，甚至还会帮其出谋划策。

（4）在实际的销售过程中，往往会有其他店员也销售了高端新产品，虽然这个奖金都归高端新产品专员所得，但是脑子稍微正常的人，都不会直接独吞这份奖金，必然会拿出来返还给实际做销售的某个店员，或是聚餐请客，与大家分享这份本该就属于大家的奖励。同样是奖励，但由高端新产品专员自己来进行再分配和调剂时，众店员的感觉则会好很多。有些高端新产品专员，甚至还会主动地进行前期投入，自己先花钱处理与其他店员的人际关系，获取大家的支持与帮助。

（5）高端新产品专员在产生实际的销量之后，也是证明给其他店员看，这个高端新产品没有想象中的那么难卖，多加研究多加学习，侧重主推，还是可以产生销售业绩的。高端新产品专员的成功，也给大家做了一个证明。

（6）在转移到全员销售时，高端新产品专员则化身为培训师，基于实际销售经历，给大家讲解这个高端新产品在销售过程中可能会遇到的实际问题及对应的解决办法，包括这个高端新产品的通俗化介绍话术、最佳匹配顾客的类别分析、现场演示手段等。毕竟是基于实际的销售案例，大家都能看到的实际案例，讲解起来更生动，也更具有说服力。

十四、新进的店员要怎么培养

店里新来的店员，无论前期是否有本行业的工作经验，在进店之后，接受相关的技术培训是肯定需要的。这个培训还得主动进行，若是完全靠店员自己学习和摸索，每个人的悟性不一，这时间成本就太高了。

这个道理老板也明白，因此对新店员的技术培训已经成为门店运营的基本投入之一。不过，常规的新店员培训套路一般是这么安排的：

（1）将新店员交由店里最资深，也就是业务能力最强的老店员来带，也就是传帮带。

（2）培训的内容一般从产品知识开始，后期再涉及一些销售技术。

（3）通常不会设定具体的培训内容结构，也没有培训后的考核指标，只是以老店员或是店老板的感性评估为准。

（4）每天的具体培训内容，主要由老店员自行决定。

表面看起来，这些常规的培养套路并没有错，大家也都是这么做的。但是，客观地、深入地考虑一下，实际的培养成效非常有限。换而言之，就是培养成本非常高……因为，实际情况往往是这样的：

（1）资深老店员真的愿意带新店员吗？带会了新店员对自己有什么好处呢？把新店员教会了，会不会降低自己在店里的存在价值呢？再说了，会做是一回事，会教是另外一回事。

（2）老店员在培养新店员时，往往会刻意放大学习的难度，以此来炫耀自己的技术水平，这会让新店员感到自己在短期内是无法掌握的，从而对工作和未来发展失去信心。

（3）有些事情是没法教的，例如多年以来的顾客资源积累。

（4）若是从产品知识开始培养新店员，很容易导致新店员出现卖货导向，后期一旦销售情况不佳，必然会抱怨产品、价格或是促销方面的种种问题，而不会在自己身上找不足。

（5）培训内容没有量化，很容易出现培训内容的自由发挥或是感性判定学习状态，无法确保对新店员的培养质量。

所以，看起来简单易行的传帮带培养模式，其中隐藏了不少问题，培养效能直接决定了员工的工作业绩，工作业绩又决定了员工的收入，员工的收入又影响了员工的在职稳定性。总而言之，要么是正面循环，要么就是负面循环。在新店员的培养方面，建议进行一些结构性的调整：

（1）设定每个岗位的技术结构。无论是营业人员还是收银员，每个岗位应该掌握哪些类别的技术、每类技术的等级情况都要说明清楚，例如专业知识要学哪些、当地顾客的采购特点有哪些、竞品资料要掌握哪些、销售技术要学哪些、基本的顾客接待流程是什么、基本的销售话术有哪些……都要一一量化，至少要让新员工知道，要想胜任这份工作，需要掌握哪些方面的知识与技术。

（2）先“卖”人再卖货。当前的市场环境是产品供大于求，且同质化严重，早就不是单纯卖货的时代了，现在是先“卖”人再卖货。所以，培养新员工，也应该迎合市场，建立这个导向，引导新店员先把自己“卖”掉，争取到顾客对店员在个人层面的认可度之后，再来谈卖货的事情。

（3）个人仪表。基于先“卖”人再卖货的导向，培训内容先从新员工的外貌和基本谈吐开始，具体包括妆容、表情、服装仪表、说话吐字、基本礼仪动作等，目的就一个，让顾客看起来顺眼一点，沟通起来顺畅一点。

（4）先有教材，再有教员。所谓教材，就是在技术结构的基础上，将相关内容进行细致化的文字说明（当前主要是靠老店员嘴巴说，并未将文字量化）。若是教材内容健全，就不一定非得老店员来教了。当然了，这个事说起来最简单，执行起来却是最麻烦的，按照笔者的经验，一个普通店员的岗位技术说明教材，文字量起码得几万字。

（5）考核。每一个章节培训完毕之后，一定要有考核，做试卷也好，现场模拟也好，其他店员集体评议也好，总而言之，一定要有考核这个环节。不然，培训者和新店员都没法全面量化地检测实际的学习情况；或者说，是没教好还是没学好，也没法明确责任。

十五、店员的抗打击能力训练

不是每一个进店的顾客都是好说话的。

随着顾客购物时的选择面越来越广，顾客必然会越来越挑剔，脾气越来越大，也越来越把自己当上帝看，尤其是购买能力强的高端顾客。有钱嘛，底气肯定足，说话也气粗些。再说了，高级消费场所去多了，什么都见过，什么都知道，各种高大上的服务项目都亲自感受过。毕恭毕敬的店员见多了，也就是被哄多了，态度上自然会傲气很多，姿态上会居高临下，语言上也难免说出些难听的话来，诸如：

（1）你们这个店环境好差，东西档次太低了。

（2）这是什么玩意儿？一看就是批发市场进的货。

（3）这个产品不用介绍了，我知道，早就用过。

（4）我以前在美国的时候，用的那是什么牌子、什么等级……

（5）我那个别墅的客厅很大，这个产品摆进去会显得很小。

（6）这个包装太大了，我那个保时捷 911 的行李舱很小的，放不下。

（7）有时候好心好意给顾客送个赠品，顾客也会不屑地说道：这是什么破玩意？档次这么低，我家保姆都不用的……

顾客的这种态度和言语，会给店员产生一定的打击，觉得这生意难做，顾客难打交道，顾客看不起自己，还有些顾客连基本的涵养都没有，开口就是粗话，或是直接拒绝："去去去，不要不要不要，真讨厌，像个苍蝇一样。"因此，脾气再好的店员，这样的顾客每天只消来上三五个，就能把店员的工作情绪打消得一干二净。主动推销的信心没有了，热情服务就更别提了，甚至，这份天天赔着笑脸受气的工作也不想干了。

作为店老板，虽然能预知这种情况的出现，但无法要求顾客对店员客气一点。当然了，也不能干等着顾客来打击店员的信心，得主动进行预防，也就是提前提升店员的抗打击能力。

所谓抗打击能力，就是对可能发生的负面情况有预知，且在心理承受方面有准备，并且通过一些主动干预措施的导入，让自己能承受一定的直接打击，或是在被打击之后能迅速恢复。

店员的抗打击训练，主要由以下几部分组成。

1. 前期的问题告知

将各类刁钻古怪的顾客可能会出现的问题，提前汇总出来，向店员进行逐一介绍说明，让店员先有个心理准备。

2. 问题分析

顾客为什么态度不好？为什么会发飙？为什么会爱理不理？背后的原因是什么？

（1）生理周期的因素，正常人每过28天，就会进入1～3天的生理低潮期，会感觉到什么都没意思。

（2）无意中得罪了顾客，顾客产生报复行为。

(3) 平均每35个人中，就有一个是精神病患者，所以，每天遇到一两个精神病患者也是正常的。

(4) 特定的疾病，也会导致性格多疑或是暴躁，例如甲亢患者。

(5) 有些人是纯粹卖弄，有两个钱就嘚瑟得不行，处处摆谱。

(6) 有些人是以前太穷了，买东西时被人家看不起，心里受过伤，现在有钱了，怕别人再触及旧伤口，所以刻意摆谱，例如晃晃手上的奔驰车钥匙等，其实是一种自我保护行为。

3. 参观更难对付的行业

感觉都是相对的，店员觉得顾客难对付，往往是没对比其他更难对付的行业。

所以，有必要安排店员参观一些对付顾客难度更大的行业和场所。例如火车站的售票处、大型商场的退换货服务台、奢侈品店等。

4. 自身的抗压适应训练

店员的工作压力往往来自被别人否定、自身的抗压能力较弱，可参考内部上台演讲、户外早操晨练等活动，强迫自己适应这种来自群体的压力，适应自己被别人用异样的眼光看待甚至嘲笑。

5. 药物辅助

维生素B6可以辅助安神，在一定程度上缓解压力。同时，在店内设置香氛，也有同样的功效。

6. 建立底气

有底气就敢于面对不讲理的顾客。

(1) 在确定顾客的采购意愿和价值之后，面对有些顾客，店员有权利拒绝接待。

（2）在店内安装或摆放一些安防设备，例如一键报警、高音警报喇叭，以及在法律许可范畴内的消防斧、辣椒面、干粉灭火器等。

在大多数情况下，不需要店员亲自把顾客给轰出去，但这些设备的存在，也会让店员心里有些底气。

十六、怎样才是对员工好

从企业管理的角度来说，对员工好一点是必须的，这是确保员工工作效率和稳定性的基本保障，那么，怎样才是对员工好？有些老板把它理解成提升员工对公司的满意度，也就是让员工越来越舒服，诸如在待遇、工作环境、环境氛围、团队精神、生活福利等方面，让员工感觉越来越舒服，甚至，有些老板还打算为员工养老，觉得老员工为公司奉献了大半辈子，公司要对得起他们。

按说这也没错，不过，从物质层面来满足员工的话，这就是一个无底洞，永远也填不满，毕竟，要考虑到人的贪婪，当初期的兴奋和感激之情过去之后，逐渐就习以为常了，也许会认为这是应该的，甚至还会去对比别家公司更高的标准。

再者说了，人都是有惰性的，在一个舒服的环境里，会逐渐安于现状，不思进取。其实，现在的职场，对于员工来说犹如逆水行舟，不进则退，不能再这么一味地舒服下去了。

对于老板来说，对员工负责任，不是给员工一碗饭吃这么简单，而是要提升员工自身的综合能力和行业身价，这才是真正的对员工负责任。

所以，对员工好，不是让员工越来越舒服，而是让员工越来越清晰。所谓清晰，就是让员工能站在客观的角度，越来越清晰地看清自己。具体包括：

（1）自己的实际工作能力，实际所掌握的各类职业技术情况。

（2）对比当前的岗位技术要求，自己的实际工作能力是否达标，也就是是否称职，存在的职业技术缺口有哪些？

（3）自己实际所产生的工作价值，以及同步所消耗的公司成本，并分析是否为公司带来了风险隐患。

（4）在当地、在本行业，薪资行情状况与自己的实际能力及收入对比，处于一个什么样的水平？

（5）在业绩成果的构成中，除了个人因素外，还有其他哪些因素共同参与，例如公司的历史积累、后台支持、其他部门及同事的支持配合等？

（6）以本人的实际工作能力，若是离开公司，在其他公司就业是否容易？预估能拿到什么样的收入，也就是自己的行业身价如何？

（7）自己的职业发展规划是什么？

（8）自己的人生发展规划是什么？

（9）自己有再学习规划吗，还是已经止步不前，不再学习提升了？

（10）从职业发展的角度来说，自己还存在哪些问题和缺点，或是空白点，自己清楚吗？有完善增补的计划吗？

为什么要客观地审视自己？因为大多数人看问题是主观的，并不客观，对自己的现状缺乏客观的量化标尺，往往是过高评估，觉得自己已经很不错了，从而抗拒学习，甚至计较待遇。另外，对个人的未来发展，往往都是模糊的，缺乏清晰的规划，若是问起来，也是到时候再说，甚至强调计划不如变化，以此来掩饰自己的规范缺乏。

不能坐视员工这样模糊地看待自己的职业能力和未来发展规划，这样不但不利于员工自身的成长，也会有损企业的发展。所以，不能简单地认为对员工好就是让员工越来越舒服，而是通过建立客观的、量化的标尺，让员工越来越清晰。这才是真正对员工负责。

十七、谈话，成本最低的管理手段

管理的方法有很多种，若是不计成本，选择的余地很多。但是，优秀管理的一个重要指标就是低成本：以尽可能低的成本，做出更好的管理成效。

大部分的管理问题都是出自理解上的问题，即管理者和被管理者在许多问题上的理解不对称。所谓理解不对称，就是同样一件事，双方的看法不一样，存在差异甚至是对立，导致出现诸多的矛盾和冲突。

理解不对称主要由两个方面的原因组成：一是了解不到位，一是沟通不到位。这里，先来谈谈沟通不到位的问题，也就是话没说清楚，传递的信息不完整，让对方理解有歧义。在所有的沟通形式中，最简单、最直接的，就是面对面的语言沟通，也就是谈话。作为管理者，谈话可作为成本最低的管理手段，至少在面对面的谈话中，管理者可以表明自己的态度，充分把握被管理者的接受程度，及时调整措辞和语气，从而在一定程度上理顺人际关系，缓解对立矛盾，消除对立情绪，减少误会与误解，及时发现问题苗头，或者说把问题消灭在萌芽状态。

而作为下属来说，这种谈话是带些私人性质的，使自己多了一个轻松的渠道和方式来向上司表达意见和建议，尤其是在一些理解不到位或是不接受的问题上，这就显得更为重要，避免了在工作场合产生与上司的对立情绪，甚至顶撞行为。

那么，管理者与下属之间的谈话，具体该怎么安排呢？

1. 谈话安排

（1）以管理者与下属一对一的形式为好，人一多就变成开会了。

（2）尽量别在办公场所，而是换到一个较为轻松的非工作环境，让下属放松，谈话效果才能有保证。

（3）谈话频率保持在每个下属每 1 ～ 2 月一次为宜，定期进行，一方面让下属习惯这种谈话形式，别让下属以为是不是自己出什么事了上司来找自己谈话，另一方面也便于下属提前做好相关的准备工作。

（4）谈话之前，管理者要准备好谈话纲要，包括这次谈话的重点和推进次序。

（5）通知下属，预告单独沟通的安排情况，同时也是方便下属提前准备。

2. 谈什么

（1）别从工作开始，而应从询问下属近期的工作感受开始。人是感性动物，从感性角度切入，比较容易让下属消除紧张感。

（2）在谈话中，管理者应主动向下属询问，需要管理者提供哪方面的支持。这点对下属的鼓动作用很明显。

（3）对于下属提出的问题，管理者不要急于说出自己的看法或是表达工作指令，而应先询问下属对此问题的分析，以及建议解决方案。

（4）在谈话过程中，管理者应保持记录，一方面便于随后的解决处理，另一方面也体现出对下属的重视，最好为每位员工准备一个独立的谈话记录本，将历次沟通都集中记录在一个本子里。

面对面的语言交流是最好的沟通方式，也是最简单的沟通方式，就是这么简单的谈话程序，可为什么很多管理者就是不愿意选用呢？从根本上来说，这还是与许多管理者官本位的主导思想有关。管理者总觉得自己是个官，得端个架子，觉得自己不能俯下身去主动找下属谈话，这样有失身价，应该是下属主动来找我汇报才对，所以许多管理者不愿意采取这种简单而有效的管理方式。

而对于员工来说，也是出于一个被管理状态下的习惯，觉得不太好主动找上司谈话，若是有什么问题，上司应该会找自己的，要是主动去找上司谈心，会被别的同事误会，例如会被看成向上司打小报告或是刻意贴近上司之类的。

所以作为管理者，在这个问题上应主动，制定定期的谈话制度，以这种简单的沟通形式来贴近下属，解决理解不对称的问题，从而进一步促进管理的有效性。

十八、选什么员工当标杆

人事管理工作不是单纯地下达指令，更多的是对员工的引导、影响、协调协商，乃至利益交换。

在推动员工对某项工作的达标，例如新产品的推广或是业绩额的提升中，直接对所有员工下达指令要求，实际效果往往有限。不如先建立一两位标杆员工，通过标杆员工的实际作为和收益，来证明该项目的可行性，再来影响和推动更多的员工。

这里就涉及一个选人的问题，即选择什么样的员工来作为标杆。

按照常理，选标杆员工自然是要选那些平时表现就不错、积极主动，且工作年限长、自身职业技术扎实的老员工，也就是当前的自身条件整体较好，与目标之间较为接近的。但是，这样的员工即便能达成目标，对其他员工的正面影响力也是有限的。毕竟，这自身条件摆在这里，能做到也不稀奇，对其他员工的促进性较小。所以，在选择标杆员工时，不一定要遵守常规，可换个思路，考虑这几个选择标尺：

（1）新员工。

（2）资历浅的员工。

（3）平时销售业绩较差的员工。

（4）年纪小的员工。

（5）女性员工。

（6）平时并不怎么聪明和能干的员工。

总而言之，也就是选择销售能力较弱的员工。这样的员工若是能成为标杆，促进效果反而更明显。原因有这几点：

1. 一般人不服人

一般人都觉得自己挺厉害的，处处都要证明自己是人上人，或是与别人不一样。但是，面对比自己优秀的人，又懒得去超越，不过，遇到不如自己的，反而会保持这个领先的优越感。看到平时销售能力较弱的员工有所进步时，自己往往会有意识地进行一些提升，目的是维持与其之间的差距。不然的话，连平时自己看不上的员工都做得比自己好，会觉得有点丢人。在这样的情况下，才能发挥推动促进作用。

2. 对难度的评估

有些员工主观上认为新产品肯定难卖，业绩肯定完不成。不过，当看到比自己差的员工都能做到的时候，则会认为这难度应该不大，自己应该能轻松应对。

3. 利益收获的放大

钱谁都喜欢，但员工又不想太辛苦赚钱，最好轻轻松松就把钱赚了。

看到不如自己的员工都能有不错的收益时，会觉得以自己的能力，应该能更轻松地赚到钱，且还能赚得更多。

4. 眼见为实

总觉得老板说的都是画大饼，但的确看到有员工先做到了，看来这执行层面应该是不复杂的，收益也是有谱的。

当然了，既然选择了这些底子较弱的员工来做标杆，也就别完全指望这些员工的自身主观能动性了，自我发挥这事太没谱了。一些暗地里的支持还是要有的，一定要把标杆员工推到一个正面循环的状态。并且，这些支持措施还得保密，面上看起来一切都正常，连当事的员工都不能知晓，万一这嘴巴管不住，好不容易扶起来的标杆也就没什么正面价值了。

十九、考核员工只能是单向的

老板付出了工资，自然希望员工有对等的工作业绩回报，按劳取酬嘛。在衡量员工工作质量及成果方面，要通过考核来进行量化，这样大家就都有标准可循，不扯皮。

那么，怎么考核员工呢？站在老板的角度，自然是要尽量全面一些，面面俱到。诸如企业文化、日常的行为作风、工作态度、做事的标准、责任心、创新意识、工作推进效率、工作业绩等。简单来说，就是希望员工对工作过程要负责，对工作结果也要负责。按说，员工在公司工作，自然要把这些事情都做好才是，这也是在促进员工全面成长。

可是，考核标准越搞越多，貌似越来越全面，实际效果怎么样呢？员工又是怎么看待的呢？

从员工的角度来说，考核标准多绝非好事，抵触和反感是必然的：

（1）毕竟是打工，对自己没有那么多高标准、严要求，能有这个吃苦认真的劲头，早就自己干了。

（2）若是都能做到，那也太累了。对于许多年轻人来说，收入不是最重要的，轻松舒适才是第一要务。钱可以少拿点，但别把自己搞得太辛苦了，不能牺牲生活质量。

（3）员工的精力有限。要同时面对来自老板、来自各职能部门的多项考核标准时，难免顾此失彼。

（4）员工所处的层级和眼界，往往决定了员工对压力的承受力是有限的，考虑问题也不会那么全面和长远，思维高度往往又决定了执行力。

（5）每项考核标准的背后，往往都关联了经济利益，做不好是要扣钱的。那么，在员工看来，老板搞这么多考核标准，就是在不断增加扣钱的理由。

（6）公司的实际管理水平往往有限，岗位职责不清、执行标准模糊、管理空白点多、内部信息传递不通畅。老板和高层有时候也没按照公司既定的行为准则来做事，公司内外部存在的客观问题还有不少。在这些客观因素的背景下，光要求员工如何如何，老板却不去解决公司管理层面存在的问题，这不是矛盾吗？

（7）面对公司越来越多的考核标准，员工的实际反应往往是逃避推诿、糊弄敷衍，会强调当前存在的实际问题，甚至会挑动各部门之间的矛盾（各部门往往也会针对基层员工出台自己的考核标准）。至少，也是牢骚连天。

客观点来说，在考核标准设定这个问题上，不能完全站在老板的角度来看待，不能把员工拔得太高，也别整什么面面俱到、严格要求、全面发展。普通职员就是普通职员，没有那个格局和拼搏精神，无法有效落实下去的考核标准，其实是在起反作用，是在消耗员工对工作的兴趣，是在促使员工产生对公司的对立情绪。最终，反而会适得其反。

所以，建议老板们在设定考核标准时，可考虑进行单向设定。即在某个阶段内，只考核某一个维度的标准。当然，这里面要有一定的逻辑关系，例如：

（1）在新员工刚入职的阶段，只考核新员工对职业技术的学习掌握情况。

（2）在员工进入正常工作的初期，只考核员工是否按照标准做好过程类的工作。

（3）在员工完全上手之后，且对过程质量执行得较好时，再来考核业绩产出。

（4）在员工保质保量完成当前既定工作的基础上，再来考核员工的创新能力。

二十、考核员工的三个导向

为什么要考核员工？

（1）考核的方向，即是员工工作中需要努力的方向。

（2）人没有那么自觉，需要通过考核指标来约束或是督促员工。

（3）建立一定的公平机制，大家基于一个共同的考核标准，来核算每个人的工作价值和收益。

（4）明确考核的正面导向作用，不然的话，员工往往会认为，老板搞这些考核出来，就是在想方设法找理由扣员工的钱。

大道理就说这么几点，在设计具体的考核体系时，主要有这三种导向：

1. 以员工的工作付出或是成果为导向

以为公司创造价值为导向，以员工的实际工作量或是工作成果为核算标尺。

站在老板的角度，这种考核导向很好，原理也简单，员工为工作创造效益，公司通过考核来计算员工的付出，很公平，多劳多得。

客观来说，这种考核导向，核心是先看员工为公司做出了多少贡献，带来了多少价值收益，以这个结果为基准，然后老板再来进行核算和利益分配。也就是说，员工的所有工作价值都是为了给公司创造利益，当然，这也没错，不然老板要员工干吗？难不成当个祖宗供起来？

这种考核模式，比较适合管理体系较为健全、各岗位分工清晰、各岗位各部门各系统之间都能具备一定的横向支持能力、员工对公司的信誉认可度高，且历史遗留问题少的公司。

同时，以员工为公司所创造的价值为考核导向，实质上是由老板在把控，但在面上，则尽量不要过于体现出这是老板单方面的意志，更多地应纳入一些老板与员工的协商机制，最终出台的考核制度，要体现出这是老板和员工共同协商的结果。同时，这些考核标尺也不能是一成不变的，每年应根据情况进行增补和完善。

2. 以员工的标准化执行能力为导向

在管理体系较为健全的公司，员工只要按照既定的标准和流程来执行工作就行了，这个就是过程，可以不用对结果负责，只要对工作过程负责即可。诸如业务人员按照既定标准，做好对终端店的档案、拜访、陈列、生动化、客情等工作，就是做好过程工作。

客观来说，员工只要把这些过程做好，结果一般不会差到哪里去，很多时候，员工的业绩差，就是因为没有做好相关的过程工作，虽然有些公司也会涉及对执行过程的考核，但权重较小，更多的还是对结果进行考核，员工也是更多地把心思放在结果上，对过程不会那么重视。

较为理想的状态，是员工既对过程负责，也对结果负责，但这几乎是不可能的，若是员工有这个意识和执行能力，早就自己当老板了。

考核员工对当前既定标准的执行能力，反过来也是在倒逼老板不断地加强标准化建设，形成过程与结果之间的有效结合。再有，这种考核方式比较适合新员工刚入职的阶段，先不用急于出业绩，能学习并按照既定标准做事即可。这过程若是做不好，未来的业绩质量如何能得到保证？

3. 以员工的个人成长为导向

无论是以过程还是以结果来考核员工，都是强调员工对公司的贡献，先满足公司的利益需求，再考虑员工个人的收益。

也可考虑换一种思路，即回避公司利益，而以员工的个人成长为考核标尺，诸如针对员工的工作能力、学习成绩、工作态度、客户的评价、创新意识等方面设定考核标尺。

这样的考核导向，目的在于推动员工的个人成长，提升员工的个人身价，也是先着手解决员工的个人工作能力问题，同时，这也能有效建立起员工对公司的正面认知。正常的员工、对自己负责的员工，对这种关于自身能力的考核方式，接受度应该是较高的；若是对这种考核方式都存在抵触情绪，那这个员工也就没有培养的价值了。

二十一、高流失率背景下的快速培训机制

员工的高流失率与企业的员工培养机制，存在着非常现实的矛盾。

(1) 站在企业的角度。

决定员工工作效能的两大因素，是想不想干的态度问题和会不会干的技术问题。首先，不能指望员工入职时的技术积累，必须要按照岗位要求进行相关职业技术的培训。老员工传帮带也好，系统培训课也好，在实际工作中锻炼也好，总之，对新进员工在培训上都是要有所投入的，不但是费用投入，更是要有时间投入。一般来说，没有两三个月，新员工很难上手。这两三个月的工资，就算是对新员工的培养成本了。

(2) 站在员工的角度。

员工平均在职时间越来越短。以前干十年才叫老员工，现在能干三年就是老员工了，至于终生在一家公司做，想都不要想了。尤其是年轻人，刚出校门，刚进入职场，职业的稳定性更差。有统计说“70 后”的第一份工作平均超过四年，“80 后”则是三年半，“90 后”骤减到 19 个月，“95 后”在职 7 个月后就辞职了。

这不是哪一个企业、哪一个行业，或是哪一个地域的个性问题，而是社会层面的共性问题。

员工需要技术层面的培养，而企业培养员工是需要时间和成本的。但员工的高流失率使得很多员工还没来得及接受系统化培训，就已经离职了，或是企业对员工投入的培训成本，还没从员工的工作业绩中收回来，员工

就已经走了。从财务角度来说，企业就是亏了。

这已经不是问题了，而是结果，结果已经是这个样子了。作为企业，很难从源头来改变，只能基于实际情况，导入一些应变的措施。

1. 意识概念的调整

（1）不要在主观上指望员工的稳定了，而是要假定所有的员工随时都会走。

（2）不能再有慢慢学的培养节奏了，而是要快速学习，学后即用。

（3）不能假定员工具有一定的基础能力、学习意识和悟性，而是要把新员工设定成白纸，什么都不懂，不会主动学习，也没什么悟性，以这个基础来设计对新员工的培训体系。

2. 基于高流失率的应对体系

既然存在这么高的流失率，企业又得要确保对应的人力资源持续供给，那么，这些相关的体系就要建立起来了。

（1）储备式招聘，避免现用现招。

（2）建立外部人力资源蓄水池。

（3）从岗后培训，改为岗前培训。

（4）岗位说明书和工作执行说明书健全，其既是工作执行说明，也是培训教材。

（5）培训内容模块化，培训形式轻松化，便于新员工快速学习。

（6）培训安排集中化，在较短时间内安排持续型的集中培训，避免传统的慢慢学。

（7）执行措施工具化，拿来即用。

（8）有专人做新员工的带岗工作，避免随意分配老员工进行传帮带。

（9）有管理系统，可以直观地看到每个员工当前所承担的工作项目和推进情况，便于随时换人交接。

（10）对员工所涉及的通信工具、客户资料、客情资源等，实现公司集中化管理，员工可以用，但无法带走。

（11）鼓励一人多岗，便于在紧急情况下的临时顶替。

3. 快速培训与批量培训

人肯定是要用的，但是不能依赖人，毕竟员工的离职不是企业所能控制的。当然了，招新人简单，但新人的上手是个问题。

所以，在新员工的培养方面，首先就是要快速培训，慢慢来肯定是不行了，重点是突出“快”！之所以要做岗位说明书和工作执行说明书，为员工设计执行工具，指定带岗人等工作，就是为这个“快”服务的。要快到什么程度？要能把每个岗位的培训上手时间精确到天。例如店员三天，普通基层业务人员七天，仓库发货员五天，内勤人员四天。

之所以要快，是出于这几点考虑：

（1）倒逼公司内部的标准化建设，必须把相关的工作标准流程搞清楚。在部队里，新兵三个月必须完成基础训练，就是基于有清晰的训练大纲，量化了所有的训练项目和时间进程，才能确保在三个月之内，把一个普通老百姓培养成合格的士兵。

（2）让新员工快速学习掌握，快速上手，较快地创造业绩，较快地提升员工的收入水平，这在一定程度上又能稳定员工的在岗状态。

（3）充分利用新员工刚入职的积极状态，这是其最理想的学习阶段，避免员工的积极状态在“慢慢学”中被消耗。

（4）从成本的角度来说，一个没上手的员工无法为公司创造业绩，就是属于负资产员工。所以，务必要尽量压缩新员工的负资产状态的时间，让员工早日为公司创造价值。

（5）明确每个岗位的培训时间段，这也是倒逼人事部门不断开发出高效的培训内容及培训手段。注重培训的内容设置、次序设置、进度管控、教学方法、考核检测、巩固手段等因素。

再一个就是批量，要具备同时对多个新员工进行培训的能力。尤其是一些员工基数大且流失率又高的岗位，这就像一个生产车间，可以实施批量化的生产，而不是个性化定制。毕竟要考虑到流失率，也许还在培训过程中，就开始有新员工离职了。同时，在批量培训中，再来发现值得进一步深造的优质员工。

最终，基于员工的高流失率，企业的人事部门要确保：

（1）持续招聘。

（2）快速培训上手。

（3）谁走了都不怕。